Neuseeland

Neuseeland

Fotografie
Clemens Emmler

Text
Klaus Viedebantt

BRUCKMANN

Inhalt

Hier führt die Millionenstadt vor,
weshalb sie zugleich Wirtschafts-
und Freizeitmetropole ist.
Ins Blickfeld kommen dann nicht
nur die Hochhäuser, die in weniger
als zwei Jahrzehnten wie Pilze aus
dem Boden geschossen sind
(rechts).

Seite 8/9:
Akaroa (»langer Hafen«) nannten
die Maori jene Bucht, die sich tief
in die Banks-Halbinsel hineinzieht.

Seite 12/13:
Matauri Bay – Traumbucht im
hohen Norden.

Seite 14/15:
Harmonie in Sand –
Dünenlandschaft am Farewell Spit.

Seite 16/17:
Der Abel Tasman National Park
ist ein beliebtes Kayakrevier.

> *»Die Landschaft wirkt jung-*
> *fräulich, wild und ungezähmt,*
> *fast ein wenig widerspenstig.«*

Schauspielerin Cate Blanchett
bei Dreharbeiten zur Filmtrilogie
»Der Herr der Ringe«

Die imperiale Fassade des *Auckland Museum*
überstrahlt nächtens einen der Vulkanhügel,
auf denen Neuseelands größte Stadt errichtet
wurde. Die eindrucksvolle Sammlung macht in
ihrem ethnologischen Teil deutlich, dass das
Land ein Teil Polynesiens ist, während die
Kollektion zum Thema »Krieg« zeigt, wie eng es
mit Europa verknüpft bleibt.

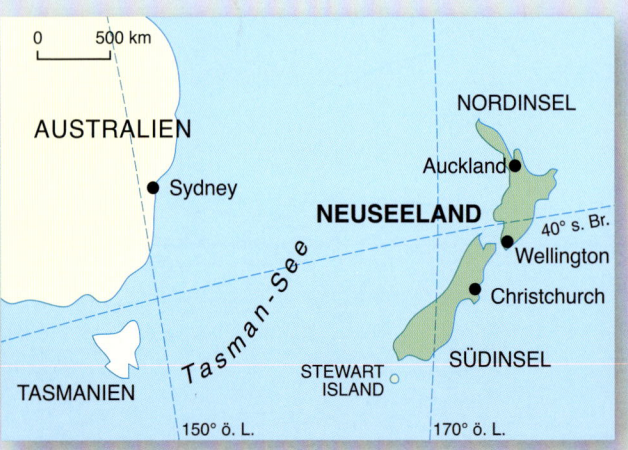

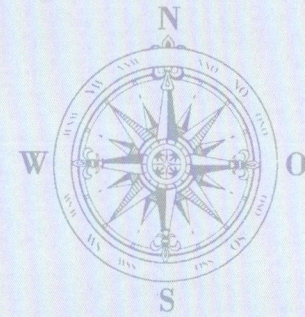

Karte / Map

Nordinsel

e Reinga
North Cape

Houhora

Ninety Mile Beach

Whangaroa Bay
Whangaroa

Kaitala

Kerikeri
Waitangi   Russell
Kaikohe   Paihia
Waiomio   Kawakawa

Bay of Islands

anga Harbour

Waipoua Kauri Forest ★

Whangarei

Dargaville

Marsden Point

NORDINSEL

GREAT BARRIER ISLAND

Warkworth

Hauraki Gulf

Helensville   Puhoi

Coromandel   MERCURY ISLANDS
Whitianga   *Mercury Bay*
Hot Water Beach
Pauanui
COROMANDEL PENINSULA

Auckland

Manukau Harbour

Firth of Thames

Thames

Waihi

WHITE ISLAND

Hamilton   Tauranga   *Bay of Plenty*   Waihau Bay

Te Puke
Te Awamutu   Matamata
Whakatane

Lake Rotorua   Tikitere   Ohinemutu   Opotiki

Waitomo-Höhlen ★

Rotorua
Whakarewarewa   ▲ **Mt. Tarawera 1111**
Waimangu   *Lake Rotomahana*
Lake Tarawera   Waiotapu

Raukumara

UREWERA NATIONAL PARK

Wairakei   Lake Waikareiti
Taupo   ★ **Huka Falls**
Lake Waikaremoana

Tolaga Bay

Gisborne

Lake Taupo

King Country

Waikato

Waihou

Poverty Bay

New Plymouth

Mt. Egmont (Taranaki) 2517 ▲
MT. EGMONT NATIONAL PARK

Mt. Tongariro 1968 ▲   Turangi
TONGARIRO NAT. PARK   **Mt. Ngauruhoe 2290** ▲
Mt. Ruapehu 2796 ▲

Waiouru

Hawke Bay

Napier
Te Awanga
Cape Kidnappers

Hastings

RUAHINE STATE FOREST PARK

Ruahine Range

Rangitikei

Patea

Wanganui

Waipukurau

Palmerston North

Levin

TARARUA STATE FOREST PARK

Tararua Range

Masterton

Castlepoint

Marlborough Sounds

Wellington

Lake Wairarapa

Cook Strait

Tasman-See

Kaipara Harbour

PAZIFISCHER OZEAN

Nordinsel, in die Höhe strebend: Neuseelands höchster Kauri-Baum steht im Waipoua Forest Park und misst 51 Meter. Die Maori nennen ihn Tane Mahuta, den ›Gott des Waldes‹.

Südinsel, breit dahingestreckt: An der Küste entlang des Pazifiks reihen sich, wie hier bei Moeraki, eindrucksvolle Strände und fantasiefördernd geformte Felsengruppen aneinander.

Übersichtskarte

AUSTRALIEN

Sydney

Tasman-See

TASMANIEN

NORDINSEL

Auckland

NEUSEELAND

40° s. Br.

Wellington

Christchurch

SÜDINSEL

STEWART ISLAND

150° ö. L.   170° ö. L.

0   500 km

Korallenriffe und Hochgebirge

Neuseeland – »Kontinent in einer Nussschale«

Zum Meer ist es in Neuseeland nirgendwo weit. Daher halten sich die Neuseeländer gern an ihren Stränden auf: sei es beim Sonnenuntergang bei Rawhiti in der Region Bay of Islands (links oben), oder um sprunggewaltige Delfine (links unten) zu beobachten, die man an allen Küsten sehen kann. Rechte Seite: Die Flüsse, meist gemächlich dahinströmend wie der Te Paki, gleichen dem Lebensrhythmus der »Kiwi« – Immer in Bewegung, aber frei von Hektik.

Das schönste Ende der Welt ist heute per Jet nur eine Tagesreise von Europa entfernt. So lange dauert es, bis man auf den beiden – nach Neuguinea –größten Inseln in der Südsee ankommt, auch Godzone genannt.

Aus dem lokalen Slang übersetzt heißt das »God's own«. Oder präziser: »God's own country«. Zwar behaupten auch die Australier – und die Amerikaner ebenfalls – in Gottes eigenem Land zu leben. Doch darüber können die Neuseeländer nur lachen. Stehen nicht die Filmregisseure aus Hollywood und vom benachbarten fünften Kontinent geradezu Schlange, um ihre Filme in der prachtvollen Kulisse des Zwei-Insel-Staates anzusiedeln? Wo sonst gibt es ein Land dieser Größe, in dem kein gefährliches oder giftiges Getier lebt? Hat nicht schon James Cook Neuseeland zu seinem Lieblingsankerplatz im Pazifik erkoren? Und rangiert nicht, wo immer nach den lebenswertesten Ländern der Erde gefragt wird, Neuseeland weit vorn in der Spitzengruppe? Für die Einheimischen ist es keine Frage: In ihrer Heimat hat der Schöpfer sein Meisterwerk vollbracht.

Nirgendwo auf dem Globus gibt es ein Terrain dieser Größe mit vergleichbarer Vielfalt: subtropisches Klima im Norden, subantarktisches Wetter auf den Archipelen im tiefen Süden. Korallenriffe und Hochgebirge. Aktive Vulkane und Geysire. Majestätische Fjorde, weite Lagunen und tosende Bergflüsse. Wälder mit Baumriesen, Weinberge mit Connaisseur-Lagen und Weiden in sattem Grün. Goldrausch-Geschichte, maritime Historie und Zeugnisse der europäischen wie der pazifischen Tradition und Kultur. Quirlige Großstädte neben menschenleeren Landschaften. Sportangebote ohne Ende. Und all das ist erreichbar in vergleichsweise geringen Distanzen bei einer vorzüglichen Infrastruktur. Kein Wunder, dass die »Kiwis« ihr Land als »Kontinent in einer Nussschale« preisen.

Kiwis? Für Neuseelands Bürger verbirgt sich hinter diesem Wort dreierlei: der nur in ihrem Land heimische flugunfähige Vogel, der zum nationalen Wappentier wurde, das kleine vitaminstrotzende Früchtchen – die Kiwi-fruit – und schließlich jeder Mann und jede Frau mit neuseeländischem Pass. Es ist also überhaupt nicht despektierlich, einen Neuseeländer als »Kiwi« zu bezeichnen. Die »Kiwis« benutzen diesen Spitznamen auch untereinander und sind stolz darauf.

Neuseeland ist ein recht junges Land. Die ältesten Felsen sind zwar um die 540 Millionen Jahre alt, doch der Großteil des Landes ist erst 260 bis 200 Millionen Jahre alt und stammt von Gondwana, jenem vorgeschichtlichen Riesenkontinent, der vor etwa 160 Millionen Jahren auseinander zu brechen begann und dessen Teile Südamerika, Afrika, Indien, Antarktis und Australien über Millionen Jahre hinweg auseinander drifteten. Neuseeland löste sich vor etwa 80 Millionen Jahren und landete genau an der Stelle, an der die australische und die pazifische Platte aufeinander stoßen. Auf dieser Nahtstelle ist immer Bewegung, und das formt auch Neuseeland – bis zum heutigen Tag. So wie sich das prachtvolle Land heute seinen Besuchern präsentiert, existiert es seit etwa einer Million Jahren – ein Sekundenbruchteil in der Erdgeschichte. Es entstanden die beiden Hauptinseln, Nord- und Südinsel, sowie an der Südspitze vorgelagert,

Der weite Strand von Wharariki Beach am Nordwestende der Südinsel, ein faszinierendes Stück unberührter Natur in der Nähe des Abel Tasman National Park *(links)*. – Quirlig geht es an der Tolaga Bay zu, wenn Renntag ist *(links unten)*. Dann treffen sich alle am Strand, der als Rennbahn dient. Hauptsache ist natürlich der Wetteinsatz auf die Galopper, der auch in Badeklamotten abgegeben werden darf. Aber auch ein Hauch von Ascot gehört dazu *(unten)*.

Stewart Island. Hinzu kommen nahe der Küsten rund 60 weitere Inseln, darunter die Arme-Ritter-Inseln (Poor Knights Islands) und die kleine Gruppe von Henne und Küken (Hen and Chicken Islands). White Island in der Bay of Plenty ist mit glühendem Gestein und Temperaturen von bis zu 900 Grad die heißeste Insel des Landes. Rund 850 Kilometer östlich von Christchurch ragen die Chatham Islands, ein windzerzaustes und regengetränktes Revier von Schafzüchtern und Fischern, aus der See.

Fast 1000 Kilometer nördlich der Nordinsel liegen die insgesamt nur 34 Quadratkilometer großen Kermadec-Inseln zwar in wärmeren Gefilden, aber auch genau auf einer Bruchstelle in der Erdkruste. Die Folge sind rund 100 Erdstöße im Monat – kein Wunder, dass die Regierung dort eine Erdbebenwarte errichten ließ. Auch in subantarktischen Gewässern verwalten die Neuseeländer einige Inselgruppen,

etwa die Auckland-Inseln oder die Campbell-Inseln. Alle subantarktischen Inseln unter neuseeländischer Flagge wurden von der UNESCO als schützenswertes »Weltnaturerbe« eingestuft.

Die Gebirgskette der Südinsel hingegen entstand durch Erdauffaltungen auf der Nahtstelle zwischen australischer und pazifischer Platte. Auf der Nordinsel formten vor allem Vulkane das Land, das sich von Nord nach Süd insgesamt über gut 1600 Kilometer erstreckt. Die Küstenlinie der Kiwis wurde mit 18 200 Kilometern vermessen, scheinbar endlose Strände und spektakuläre Klippen eingeschlossen. Mit fast 270 000 Quadratkilometern Fläche hat Neuseeland rund drei Viertel der Größe Deutschlands und ist etwas größer als das »Mutterland« Großbritannien. Auf diesem Terrain leben gut vier Millionen Menschen, davon allein 1,4 Millionen im Großraum Auckland. Entsprechend dünn ist der Rest des Landes besiedelt.

Anno 1861 ging ein Ruf um die Welt: »Gold in Otago!« Und sofort machten sich Glücksritter auf den Weg in den kargen Süden. An diesen Treck der großen – und selten erfüllten – Hoffnungen erinnern alljährlich im März Hunderte von Reitern und Marschierern bei der »Cavalcade« zu den einstigen Goldfeldern. Eine Strapaze, die auch unter Besuchern zunehmend Anklang findet, insbesondere, wenn sie im Planwagen mitrollen können.

Seite 24/25:
Riesenbaumfarn vor der pittoresker Küste der Coromandel Halbinsel.

Europäer und Maori

Drei Viertel aller Neuseeländer sind europäischer vornehmlich britischer und irischer Abstammung, pakeha, wie sie in der Sprache der Ureinwohner, der Maori, genannt werden. Maori-Ahnen reklamieren rund 15 Prozent der Bevölkerung für sich. Mehr als sechs Prozent sind Einwanderer aus Asien, die Südsee-Inseln von Samoa bis Niue steuern sieben Prozent bei, nicht mitgezählt die vielen illegal im Land lebenden Polynesier. Auckland trägt unangefochten den Titel der »größten polynesischen Stadt der Welt«. Wer die Prozentzahlen addiert, kommt auf über 100 Prozent, da die Befragten sich selbst mehr als einer Volksgruppe zuordnen konnten.

Staatsoberhaupt aller Neuseeländer ist die Queen in London. Doch das ist ein vornehmlich zeremonieller Rang, der erst dann an Bedeutung gewinnt, wenn die Monarchin – im Schnitt alle fünf Jahre – ihre Untertanen bei den Antipoden besucht. Ansonsten lässt sich Elizabeth II. vertreten vom Generalgouverneur, der zwar vom Hof eingesetzt, aber von Neuseelands Regierung vorgeschlagen wird. Die wahre Macht liegt allerdings beim Parlament und bei der Regierung in Wellington – übrigens die südlichste Hauptstadt der Erde.

Noch ein kleiner Rekord aus dem Regierungslager erwünscht? Bitte: Neuseeland dürfte der einzige Staat der Welt sein, der zwei Monarchen in Amt und Würden weiß. Auch die Maori haben allen ihren – heutzutage unblutig ausgetragenen – Stammensfehden zu Trotz einen gemeinsamen König inthronisiert. Aber wie seine Kollegin im Buckingham-Palast ist auch der Maori-Herrscher auf zeremonielle Vollmachten beschränkt. Tuheitia Paki ist der älteste Sohn der langjährigen Königin. Er war aber kein Kronprinz, da die Maori-Monarchie nicht erblich ist. Der König wurde in Gesprächen der Häuptlinge aller wichtigen Stämme ermittelt. Sein Sitz ist das nationale Maori-Versammlungshaus, Turangawaewae, in Ngaruawahia bei Hamilton.

Englisch ist die offizielle Landessprache, gleichrangig mit Maori, das aber an den Schulen keine Pflichtsprache ist. Dennoch haben sich viele Maori-Wörter erfolgreich im neuseeländischen Englisch etabliert, allem voran Ortsbezeichnungen, Tier- und Pflanzennamen. Andere Beispiele sind etwa *haka* (Kriegstanz), *hangi* (Kochen im Erdofen), *koha* (Geschenk), *puku* (dicker Bauch), *tapu* (Tabu), *tiki* (Amulett), *wahine* (Frau) oder das gern verwendete *kia ora* (Hallo, genau übersetzt: bleib gesund).

Fortsetzung Seite 28

Daten und Bilder zur Geschichte

1

2

Um 1200: Die Polynesier landen mit ersten Kanus in Neuseeland. Vermutlich gab es verschiedene Maori-Einwanderungswellen, die sich über mehrere Jahrhunderte hinzogen. Aus den Jägern und Sammlern werden allmählich Siedler, die sich stärker als zuvor in Stämmen organisierten. Zunehmende Kämpfe um gutes Land führten zu befestigten Siedlungen.

1642: Abel Tasman erreicht mit zwei niederländischen Schiffen Neuseeland. Beim ersten Zusammentreffen mit Maori in der »Mörderbucht« (heute: Golden Bay) werden vier Europäer getötet. Tasman kartografiert die Westküste von »Staten Landt«, landet aber nicht.

1769: James Cook und der Franzose Jean de Surville gehen als erste Europäer an Land.

1772: Zweite französische Expedition unter Marion du Fresne, der von Maori erschlagen wird.

1773 und 1777: Cook kommt erneut nach Neuseeland, umrundet als Erster die Inselgruppe und beweist, dass Neuseeland nicht der vermutete große Südkontinent ist.

1814: Im Walfängerhafen der Bay of Islands entsteht die erste Missionsstation. Kororareka (heute: Russell) gilt wegen der rauen Sitten von Seeleuten und Glücksrittern als »Höllenloch des Pazifik«.

1840: Mit dem bis heute zwischen Maori und Weißen umstrittenen Vertrag von Waitangi erhält Großbritannien die Souveränität über Neuseeland. Damit enden allmählich die heftigen Kämpfe zwischen einzelnen Maori-Stämmen.

1845–1872: »Maorikriege« mit

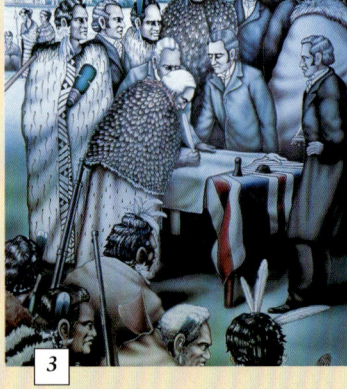

3

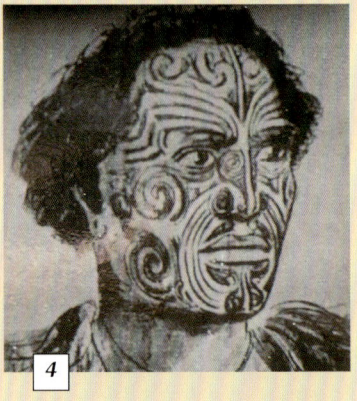

4

den Europäern. In ihnen geht es meist um Landrechte .

1840: Auckland wird nach Russell die zweite Hauptstadt der Kolonie.

1850: Die ersten sechs neuen Siedlungen der britischen New Zealand Company entstehen, darunter Auckland, Wellington, Christchurch und Dunedin.

1860: Goldfunde auf der Südinsel. Auch der Export von Schafwolle erweist sich als profitabel.

1865: Wellington wird Hauptstadt der Kolonie, nachdem die Südinsel gedroht hat, sie wolle sich für unabhängig erklären, wenn ihre Interessen nicht mehr beachtet würden.

1882: Erstmals werden Lammfleisch und Butter tiefgekühlt nach Großbritannien transportiert. Daraus entwickelt sich ein neuer Wirtschaftszweig. Noch heute sind die Agrarexporte wichtigster Wirtschaftszweig.

1888: Neuseelands berühmteste Schriftstellerin, Katherine Mansfield, in Christchurch geboren, stirbt 1923 an Tuberkulose.

1893: Neuseelands Frauen erhalten als dritte der Welt das Wahlrecht.

1899: Neuseeland entsendet im Burenkrieg Soldaten für die britische Armee nach Südafrika.

1907: Neuseeland wird unabhängiges Dominion der britischen Krone.

1908: Der Neuseeländer Ernest Rutherford erhält den Nobelpreis für Chemie. 1917 gelingt ihm erstmals die Spaltung eines Atoms.

1914: Neuseeland tritt an der Seite des Großbritanniens in den Ersten Weltkrieg ein und hat hohe Verluste. Neuseelands Soldaten beenden das deutsche Kolonialreich in der Südsee.

1931: Neuseeland wird völlig unabhängig, bleibt aber Mitglied im Commonwealth of Nations. Großbritanniens Monarch bleibt weiterhin Neuseelands formelles Staatsoberhaupt.

1939: Neuseeland kämpft im Zweiten Weltkrieg an der Seite Großbritanniens und Amerikas. Die USA müssen Neuseeland vor japanischen Truppen schützen.

1953: Der Neuseeländer Edmund Hillary erreicht, gemeinsam mit Sherpa Tensing Norgay, als erster Mensch den Gipfel des Mount Everest.

1967: Die Pubs müssen nicht mehr um 18 Uhr schließen.

1973: Mit Großbritanniens Eintritt in die Europäische Gemeinschaft verliert Neuseeland seinen wichtigsten Markt und orientiert sich künftig nach Asien.

1984: Im Zuge seiner Anti-Atompolitik sperrt Neuseeland alle Häfen des Landes für Schiffe mit Atomwaffen. Das trifft in erster Linie die USA, die im Anzus-Pakt mit Neuseeland und Australien verbündet sind. 1986 setzen die USA ihre militärische Schutzzusage für Neuseeland aus.

1985: Französische Agenten versenken im Hafen von Auckland die »Rainbow Warrior«. Mit dem Schiff wollte Greenpeace in Französisch-Polynesien gegen Atombombentests protestieren.

2004: Der in Neuseeland gedrehte Film »Der Herr der Ringe: Die Rückkehr des Königs« gewinnt den Oscar als »bester Film«.

2011: Im September beginnt die Rugby-Weltmeisterschaft in Neuseeland. Rugby ist die populärste Sportart des Landes.

1 In Gisborn, der Stadt der Welt, die jeden Tag als erste die Sonne begrüßt, erinnert eine Statue an James Cook, der Neuseeland als erster Europäer umrundete. – 2 So oder ähnlich hat es wohl ausgesehen, als James Cook (1728–1779) auf seiner zweiten Südsee-Expedition 1773–1775 auf Neuseeland landete und ... – 3 ... als 1840 die Maori und die Vertreter der britischen Krone den Vertrag von Waitangi unterzeichneten. – 4 Die ersten Europäer in der Südsee waren fasziniert von der polynesischen Sitte der Tätowierungen. 5 Sir Edmund Hillary. – 6 Prinz Harry als Vertreter der britischen Krone in Wellington. – 7 Neuseelands Regierungschefin Helen Clark.

Vor allem auf dem Land finden Touristen noch viele Belege für die Liebe der Neuseeländer zum Althergebrachten, sei es ein Laden wie aus Omas Tagen (links oben), *ein Angebot für nostalgische Tischwäsche* (großes Bild), *eine alte Farm beim Fox-Gletscher* (rechts unten) *oder ein sorgsam restauriertes altes Steinhaus* (links).

Etwas mehr an Intonationsübungen braucht wahrscheinlich das Wort Taumatawhakatan-gihangakoauauotamateaturipukakapiki-maungahoronukupokaiwhenuakitanatahu, laut Guinness-Buch der Rekorde der längste Ortsname der Welt (der alte Name von Bangkok war noch länger); das Ortsschild ist zehn Meter lang. Übersetzt lautet der Name in etwa: Die Braue des Hügels, auf dem Tamatea, der das ganze Land umsegelt hat, seiner Geliebten auf der Nasenflöte vorspielte. Nasenflöten, bei denen die Luft statt mit dem Mund mit einem Nasenloch in das Rohr gepresst wird, sind bis heute in Polynesien beliebte Instrumente beim Liebeswerben. Mit der Braue war vermutlich ein bewaldeter Streifen an der Flanke des Hügels gemeint. Das bekannteste Maori-Wort ist aotearoa. Es bedeutet »Land der langen weißen Wolke« und soll von Kupe stammen, dem legendären Navigator, der angeblich das erste Kanu mit Maori-Siedlern nach Neuseeland steuerte. Sinnvoll wäre der Name, denn die Polynesier,

die zu den größten Seefahrern der Welt gerechnet werden, wussten, dass an bergigen Inseln oft Wolken festhängen und den Seeleuten so den Kurs gen Land erleichtern. Vielleicht erreichte Kupe aber auch zuerst die Westküste der Südinsel, wo er die Gipfelkette der neuseeländischen Alpen sah. Da ihm und seinen Reisegefährten Schnee unbekannt war, glaubte er, in den Gletschern Wolken zu erkennen.

Aber auch im Englischen haben sich die Neuseeländer einige sprachliche Eigenheiten zugelegt. In Oxford lernt man gewiss nicht, dass ein »Bint« ein Mädchen oder ein »Popsie« eine unverheiratete Frau ist. Viele dieser Wörter aus dem »Kiwi-Englisch« kennen Australier allerdings aus ihrem »Strine« (verballhornt für »Australian«). Das wiederum gefällt den Neuseeländern nicht, sind sie doch ganz sicher, dass sie das allerreinste Englisch sprechen, während sie die Aussis der Sprachschändung bezichtigen.

Glücklicherweise hat die *lingua franca* des Commonwealth schon ganz anderes überlebt. Und das Verhältnis zwischen Neuseeländern und Australiern ebenfalls; auch die offiziellen Beziehungen zwischen dem kleinen und dem großen Nachbarn durchleben Höhen und Tiefen. So hören es die Politiker in Wellington zum Beispiel nicht gerne, wenn ihre Kollegen in Canberra daran erinnern, dass die australische

Verfassung es vorsieht, weitere Bundesländer aufzunehmen – eine Regelung, die vor gut 100 Jahren im Hinblick auf Neuseeland geschaffen wurde. Im Allgemeinen klappt die Zusammenarbeit über die Tasmanische See hinweg jedoch recht gut. Neuseeländer sind beispielsweise die einzigen Ausländer, die nach Australien ohne Visum einreisen dürfen. Nicht minder wichtig sind die »Closer Economic Relations«, die beide Staaten 1983 beschlossen haben und mit denen eine erfolgreiche transtasmanische Freihandelszone begründet wurde. Aber selbst auf kommunaler Ebene sind die Kontakte recht gut. Dafür sorgen auch 27 Städtepartnerschaften; so sind beispielsweise Wellington und Sydney oder Auckland und Brisbane Partner.

Dünner sind hingegen die Verbindungen zum »Mutterland« Großbritannien geworden, ein Prozess, der schon im Ersten Weltkrieg einsetzte. 1915 führten britische Kommandanten die australischen und neuseeländischen Soldaten des Anzac-Corps in eine militärisch fragwürdige Schlacht beim türkischen Gallipoli. Fast ein Drittel aller Neuseeländer kam dabei um. Bei den Australiern war der Blutzoll ähnlich hoch, und auch dort setzte nach dieser Tragödie eine Abnabelung von London ein. Beide Länder orientierten sich fortan stärker in Richtung Amerika, zumal Großbritannien beide Länder im

Alle Farben, alle Rassen, alles Kiwis: eine ganz junge Dame beim Trödelshopping (oben), ein alternativer Alter (1), ein Beach-Boy von der Bay of Plenty (2), ein chinesischer Emigrant (3), ein Kunsthandwerker mit seinen Arbeiten (4), eine junge Maori-Schönheit (5) und Kids vor einer Schulwand in Gisborne (6).

Schwimmen statt Fährüberfahrt

Die Jüngste war elf Jahre alt, der Älteste 52. Der Schnellste war 1986 mit fünf Stunden und vier Minuten eine Frau, der Erste brauchte 1963 noch elf Stunden und 20 Minuten. Vier Rekorde vom Cook Strait Swim, neben der Ärmelkanal-Strecke eine der bekanntesten Herausforderungen für Langstreckenschwimmer. Die Cook Strait zwischen der Nord- und der Südinsel gilt als besonders schwierig. Sie ist an der engsten Stelle zwar nur 23 Kilometer breit, hat aber starke Strömungen und kaltes Wasser. Legenden zufolge haben bereits Maori die Straße durchschwommen. Seit 1962 konnten mehr als 60 Sportler die Strecke meistern, Frauen und Männer zu etwa gleichen Teilen. Die Sportler kamen aus sieben Nationen, meist waren es Neuseeländer. Aber auch in Indien scheint die Route beliebt zu sein: Drei Sportler haben es geschafft.

Kiwis, Kakapos und Kowhais

Neuseelands Fauna und Flora

Warum ausgerechnet dieser flügellose Nachtbuddler als Neuseelands Nationalsymbol ausgewählt wurde, habe ich nie verstanden«, schrieb der englische Schriftsteller John B. Priestley (1894–1984). Immerhin, der Kiwi, das Nationalsymbol der Neuseeländer hat etwas, das in der Vogelwelt recht selten ist: einen ausgezeichneten Geruchssinn. Doch der hilft dem Vogel wenig gegen seine von den Europäern eingeschleppten Feinde, den Füchsen, Hunden und Katzen. Alle drei Kiwi-Arten sind in ihrer Existenz bedroht, deshalb werden sie auf geschützten Inseln nachgezüchtet.

Andere Vögel, die in der geografischen und menschenleeren Isolation Neuseelands über Jahrtausende überleben konnten, sind inzwischen ausgerottet, beispielsweise die mehr als drei Meter großen Moas. Die Laufvögel fielen allerdings bereits den hungrigen Ureinwohnern, den Maori, zum Opfer. Auch den Huia, einen Singvogel, findet man nur noch im Museum. Doch einmal hat die nur schwer zugängliche Natur im Süden der Insel eine Überraschung bereitet: 1948 fanden Wissenschaftler dort eine Kolonie der längst ausgestorben geglaubten Takahes, die heute natürlich unter besonderem Schutz stehen.

Neuseelands Vogelwelt ist zwar überaus vielfältig, aber die bunten Papageienarten, die beim Nachbarn Australien so häufig vorkommen, sucht man auf den Kiwi-Inseln vergebens. Die farbigsten Exemplare sind die grünen, flugunfähigen Kakapos und ihre grün-roten Papageien-kollegen, die Keas. Letztere findet man vornehmlich in den Alpen und an der Westküste der Südinsel. Die Freude über die so gar nicht ängstlichen bunten Gesellen schwindet allerdings schnell, wenn man merkt, dass man gefiederte Rabauken vor sich hat, die beispielsweise gerne die Gummidichtungen von Autoscheiben herauszerren.

Zu den schmucken Vertretern der einheimischen Vogelwelt gehören auch die blauen Sumpfhennen, genannt Pukehos. Wohlklingende Singvögel sind beispielsweise die Tuis oder die Bellbirds. Mit Ausnahme von Fledermäusen gab es bis zum Eintreffen der Maori keine Säugetiere in Neuseeland. Die Ureinwohner brachten die aus heimischer Küche gewohnten polynesischen Ratten und Hunde mit. Die Europäer führten neben ihren Haustieren auch Rehwild und australische Possums ein. Beide entwickelten sich zu wahren Landplagen. Das Problem Rehwild ist inzwischen gut gelöst: Das Wild wird größtenteils in Farmen gehalten, sein Fleisch bis nach Europa exportiert. Die

8

9

6

7

trees« genannt werden. In kräftigem Rot blühen ebenfalls die Rata-Bäume, während die Kowhais im Südfrühling in fast blendendem Gelb prunken.
Die Kow-hais sind Neuseelands Nationalblüten.

Possums sind immer noch eine »Pest«, und selbst Tierfreunde protestieren nicht, wenn man versucht, ihrer mit Vergiftungsaktionen Herr zu werden.
Was dem Land an Säugetieren fehlt, kann es in der Gattung der Reptilien wettmachen: Die Tuataras, mittelgroße Echsen, sind seit der Urzeit unverändert und

biologisch die nächsten Verwandten der Dinosaurier. Wild leben sie nur noch auf geschützten Inseln, das Museum von Invercargill hegt ebenfalls einige Tuataras.
Auch die bis zu 20 Meter hohen Farnbäume sind eine biologische Brücke in die ferne Vergangenheit – in Neuseeland wachsen

mehr als 80 Farnarten. Sie lassen die Landschaft ebenso exotisch erscheinen wie die Cabbage Trees, die aussehen wie Palmen, aber keine sind. Eine ähnliche Faszination auf fotografierende Touristen üben die Pohutukawas aus, die um Weihnachten leuchtend rot blühen und deshalb auch »Christmas-

Die neuseeländische Natur ist voll von einzigartigen exotischen Tieren und Pflanzen. Eine kleine Auswahl sei gezeigt: eine Farnspitze, genannt Fiddlehead (1), ein Kaka (2), ein Kiwi (3), ein kleiner Urwald aus Farnen (4), und der letzte lebende Verwandte der Dinosaurier, ein Tuatara (5), ein frecher Kea (6), ein Hooker's Seelöwe (7) sowie eine Nihau Palme (8) und eine Pohutukawa-Blüte (9).

Zweiten Weltkrieg nicht mehr gegen Japan schützen konnte. Später distanzierten sich die USA, weil Neuseeland einen strikten Kurs gegen Atomwaffen einschlug.

Als Großbritannien 1973 der Europäischen Gemeinschaft beitrat, verlor Neuseeland seinen Hauptmarkt für die wichtigen Agrarexporte und musste sich nun nach neuen Märkten in Asien umsehen. Asien hatten die »Briten der Südsee« zuvor weitgehend ignoriert. Heute sind Japan und China – nach Australien und den USA – die wichtigsten Exportmärkte für Neuseeland. Und auch im eigenen Land wird der asiatische Einfluss wachsen, denn Studien besagen, dass sich die asienstämmige Bevölkerung bis 2016 verdoppeln wird.

Anders als in der Wirtschaft ist die Hinwendung zu Asien in der Kulturszene kaum spürbar. Neuseelands Künstler greifen stattdessen

Die Coromandel-Halbinsel (oben) ist nicht nur ein landschaftliches Juwel, sondern auch – wie fast ganz Neuseeland – ein Schafzuchtrevier. Schaffarmer trifft man nie allein, sie werden immer von mindestens einem Hund begleitet (rechts oben). Neuseelands Wolle geht verpackt zu prallen Ballen in alle Welt (rechts Mitte). – Nicht der Farmer, sondern geübte Wanderarbeiter übernehmen die sekundenschnelle Schur der Tiere (rechts unten).

zunehmend Themen und Motive aus der Maori-Kultur auf. Generell jedoch sind die Künste überwiegend auf europäische Traditionen aus-gerichtet. Deutlich wird das vor allem in der Literatur, darunter etwa die unerreichte Katherine Mansfield (1888–1923), die für ihre Kurz-geschichten weltberühmt wurde. Mansfield, die auch Erfahrungen aus Deutschland (»In einer deutschen Pension«) verarbeitete, schrieb hauptsächlich in Europa. Weltweit gefragt sind auch die Bücher der Kriminalautorin Ngaio Marsh (1895–1982), die gemeinsam mit Aga-tha Christie und Dorothy L. Sayers als »Queens of Crime« gerühmt wurde. Janet Frame (1924–2004) erfreut sich seit einigen Jahren auch außerhalb Neuseelands wachsender Beliebtheit. Maori-Themen sind in Neuseelands international gefragter Literatur vor allem in den Werken von Kerri Hulme (*1947) und Patricia Grace (*1937) präsent.

Starke Frauen

Frauen haben in Neuseeland generell historisch eine größere Rolle gespielt als in anderen Staaten. Es ist kein Zufall, dass die Neuseelän-derinnen 1893 – nach den Frauen von Pitcairn (1839) und Wyoming (1869) – das nationale Wahlrecht errangen. Mit dem passiven Wahl-recht bei Nationalwahlen dauerte es allerdings auch für die Kiwi-Damen etwas länger: Erst 1919 wurde das Gesetz entsprechend geän-dert, und es sollte bis 1933 dauern, ehe eine Frau ins Parlament in Wellington einzog. Seither aber sind Frauen in der Politik eine Selbst-verständlichkeit. Um 2005 waren die höchsten Staatsämter, General-gouverneur und Premierminister, in Frauenhand. In der Reihe der über die Landesgrenzen hinaus bekannten Neuseeländer gingen auch

Ideal für Naturfreunde: Die Catlins im Südosten der Südinsel liegen abseits der Hauptrouten und bieten deshalb menschenleere Strände, rauschende Wasserfälle, Dünen, Wälder und ein reiches Tierleben. Für die Menschen war das Leben in dieser Ecke nicht immer leicht, davon zeugt manch verlassenes Farmhaus.

einige Frauen in die Geschichtsbücher ein: die Rekordfliegerin Jean Batten, die Frauenrechtlerin Kate Sheppard oder die Sängerin Frances Alda (1879–1952). Die Operndiva hat in Kiri Te Kanawa eine kongeniale Nachfolgerin. Die Künstlerin, die einer Maori-Familie entstammt, wurde 1944 in Gisborne geboren, der Stadt, die dank der Nähe zur Datumsgrenze weltweit als erste morgens die Sonne sieht. Kiri Te Kanawa sang zum ersten Sonnenaufgang des Jahres 2000 am Strand von Gisborne, ein Auftritt, der per Fernsehen in mehr als 55

Länder übertragen wurde. Der bisher unangefochten berühmteste Neuseeländer ist aber wohl Sir Edmund Hillary, der 1953 mit dem Sherpa Tensing Norgay als erster Mensch den Mount Everest bestieg.

In der Welt der Wissenschaften stehen drei Namen für Neuseeland: die Nobelpreisträger Ernest Rutherford (1908, Physik), Maurice Wilkins (1962, Medizin) und Alan MacDiarmid (2000, Chemie). Alle drei waren und sind, obschon sie meist im Ausland lebten und arbeiteten, stolz auf ihre Heimat. MacDiarmid erinnert an eine typische Eigenschaft, die über die Schönheit des Landes hinaus Neuseeland so liebens- und besuchenswert macht: die nahezu selbstverständliche Gastfreundschaft: »Obwohl wir nicht viel zu essen hatten, lud meine Mutter immer andere noch weniger Begüterte ein zu den Mahlzeiten. Dann ermahnten unsere älteren Geschwister mich und meine kleine Schwester stets, nicht nach einem Nachschlag zu fragen. Sie sagten: ›FHB‹ was bedeutete: ›Family Hold Back‹, also wir von der Familie sollten nicht so viel essen.«

Oben: Immer mit Hund – Schafzüchter auf seinem Quad Bike.

Rechts: Farmland bei Kaikohe.

Langusten, Whitebait und Pavlova

1

Die neuseeländische Küche hat sich von der englischen Tradition emanzipiert

2

3

4

Zu Neuseelands englischem Erbe gehört es, dass sich Gourmets mit Gaumengrauen abwenden. Bis vor wenigen Jahrzehnten haben sie daran auch recht getan. Die Kiwis zerkochten – wie ihre britischen und australischen Vettern – frisches Gemüse fast faserfein und ließen die besten Stücke von Lamm und Rind auf dem Herd gnadenlos trocken braten. Aber damit ist es, Lukull sei Dank, vorbei.

Neuseelands kreative Köche behandeln die vorzüglichen frischen Waren ihres Landes nun mit Können und Respekt. Entsprechend gut sortiert ist mittlerweile der Restaurant-Atlas zumindest in den städtischen Gebieten. Die neuen Küchenmeister vernachlässigen aber auch nicht die wenigen Speisetraditionen ihres Landes. Das gilt vor allem für alles, was aus Meer und Fluss kommt. Guten Fisch und leckere Schalentiere gab es selbst in kulinarisch dunkelsten Zeiten immer, wenn auch mit zerkochten Beilagen. Selbst heute gilt: Fish'n'Chips sind sogar da meist wohlschmeckend, wo ansonsten noch Küchendiaspora herrscht. Und überall, wo lokale Meeresfrüchte frisch geerntet werden, etwa die Austern von Bluff oder die Muscheln von Havelock, konnte man auch früher unbesorgt die Spezialitäten bestellen.

Neu ist nur, dass sich solche Orte heute auch ein entsprechendes Festival leisten – inspiriert vom großen Erfolg des Marlborough Food and Wine Festival, das alljährlich Tausende Besucher anlockt.

Den Reichtum an Langusten und Muscheln wussten schon vor den Europäern die Maori zu schätzen. Was einst noch ausreichte, um Familien und Stämme zu ernähren, ist heute aber teilweise überfischt. Das gilt vor allem für die neuseeländischen *Toheroa-* und *Paua-Muscheln* (Letztere sind wegen ihres grünblau schimmernden Perlmutts beliebte Souvenirs). Sie dürfen nur noch zu bestimmten Zeiten und in festgelegten Mengen gefischt werden. Grüne Muscheln gibt es hingegen reichlich, sie werden in Wasserfarmen gezüchtet.

Von den Maori haben die Europäer auch die *Kumara* und den *Hangi* übernommen. Kumara, ein polynesisches Traditionsgericht, sind Süßkartoffeln; in Neuseeland werden sie gerne zu Kumara-Chips verarbeitet. Hangis sind Erdofen, in denen übereinander geschichtete, in Pflanzenblätter gewickelte Speisen, etwa Gemüse und Fleisch, auf heißen Steinen langsam gegart werden. Da das Verfahren für den eigenen Garten etwas aufwändig ist, geht man zum Hangi meist in Hotels, wo auch Touristen diese Zubereitungsart erleben können.

Zu den Delikatessen der europäisch-neuseeländischen Küche gehören auch die *Whitebait*, etwa fingergroße Fische, die im November und Dezember in den Flussmündungen gefangen werden. Die Fische werden in einer Eierpanade gewendet,

5

6

7

8

»Yummie« sagen die Kiwis, wenn es ihnen schmeckt. Und dafür sorgen beispielsweise die Donuts von Christchurch *(1)*, der hervorragende Fish-'n'-Chips-Shop in Oban auf Stewart Island *(2)*, Takeaways an jeder Ecke *(3)* oder die Langustentheke in Kaikoura *(4)*. In »Fleur's Place« bei Moeraki – einem der besten Restaurant des Landes – lohnt sich nicht nur der Blick auf die Teller *(5)*. Wenngleich in vielen Restaurants das Auge mitspeist, sei es Pfannkuchen mit Obst *(8)*, sei es frittierter Fisch *(7)*. Und nicht nur in Morell's Cafe *(6)* beim Waipoua Forest in Northland wird Leckeres lachend serviert.

Seite 42/43:
Mount Tongariro und Mount Ruapehu zählen zu den aktivsten Vulkanen der Welt.

gegrillt oder gebacken und dann schließlich gerne mit Kopf und Schwanz verzehrt.

Zur Nationalküche würden die Neuseeländer sicher auch ihre *Pies* zählen, wenngleich diese Pasteten eine Kreation des britischen »Mutterlandes« sind. Gefüllt werden sie mit Fleisch, Innereien, Gemüse oder Käse.

Pies sind eine Vertrauenssache – manche schmecken vortrefflich, andere scheinen dagegen als Endlager für undefinierbare Küchenreste zu dienen.

Stärker sind die Kiwis auf der süßen Seite der Karte: Ihre *Pavlova* ist eine leckere Kalorienbombe aus Baiser, Schlagsahne und Kiwifrucht. Allerdings bean-

spruchen die Australier, die statt Kiwifrüchten Erdbeeren nehmen, das Pavlova-Erfindungsrecht.

Bei den beliebten Anzac-Keksen sind sich die Nachbarn allerdings wieder einig: Beiden gebührt der Ruhm der Erfindung. Die Frauen schickten ihren Männern im Krieg die harten Kekse als süßen Gruß von zu Hause.

Der America's Cup hat Auckland wachgeküsst

Geschichte und Natur pur – der hohe Norden

B itte klappen Sie Ihre Tische hoch und stellen Sie Ihre Rückenlehnen senkrecht. In wenigen Minuten landen wir in Auckland, Neuseeland. Bitte stellen Sie Ihre Uhren um zehn Jahre zurück.« Vor zwei oder drei Jahrzehnten war das noch ein viel erzählter Scherz. Wie bei allen populären Witzen wurde er durchaus auch nicht grundlos erzählt: Denn vor einem Vierteljahrhundert hatten Besucher, die aus Westeuropa ankamen, tatsächlich den Eindruck, in die sechziger Jahre zurückzukehren.

Zugegeben, Auckland, die mit Abstand größte Stadt des Landes, war ein wenig flotter: eine Rückkehr in die siebziger Jahre also. Aber auch in Auckland wurden in der City nach Büroschluss die Bürgersteige hochgeklappt, und die abendlichen Straßen belebten sich bestenfalls nach Ende der Kinoprogramme für wenige Mi-

Ein echter Hingucker: Das nächtliche Auckland funkelt, wenn man an die Panoramafenster des Sky Tower tritt (oben). Und zu beiden Seiten des Lichtermeers breitet sich der Ozean aus, ostwärts der Pazifik, westwärts die Tasmanische See. Diese günstige Lage hat Auckland den größten Hafen des Landes beschert und das Geld verdient für ein stattliches Fährgebäude (rechts). Rechte Seite: Rings um den Sky Tower gewinnt Auckland zwar keinen Schönheitspreis, präsentiert sich aber höchst vital.

nuten. Geöffnete Restaurants waren außerhalb der paar Hotels in der Innenstadt Raritäten. Sonntags kam das öffentliche Leben fast völlig zum Erliegen, und selbst die Hand voll Fish-'n'-Chips-Buden, die ihre Friteusen angeheizt hatten, forderten von ihren Kunden einen Sonntagsaufschlag. Derlei Ödnis veranlasste noch 1979 eine neuseeländische Zeitung zu der Schlagzeile: »Schreckliche Tragödie in der Südsee! Drei Millionen Menschen bei lebendigem Leibe gefangen!«

Derlei taugt nur noch für die Archive, und das nicht nur, weil Neuseeland inzwischen 4,4 Millionen Bewohner zählt. Das Land ist aufgewacht und zumindest seine drei Großstädte Auckland, Wellington und Christchurch haben ein virulentes Eigenleben entwickelt. Den Takt hat Auckland angegeben. Auslöser war der America's Cup, der in der »City of Sails« wie ein Weckruf wirkte. Die begehrteste »Kanne« der Welt wurde 1995 den US-Skippern erstmals entwunden – von einer neuseeländischen Crew. Auckland sah zur Cup-Verteidigung die Scheinwerfer der Welt auf sich gerichtet und putzte sich entsprechend heraus.

Zeichen der neuen Zeit

Sichtbarstes Zeichen dieser Aufbruchsphase ist der im März 1997 (sechs Monate vor Planung) eröffnete Sky Tower, mit 328 Metern das höchste Bauwerk der südlichen Hemisphäre. Der Turm ist mit Aussichtsplattformen, Glasboden in luftiger Höhe, mit Außenwanderungen um die Antenne und mit Bungee-Jumping eine Touristenattraktion ersten Ranges. Wichtiger ist wohl noch die befruchtende Wirkung, die vom unübersehbaren Wahrzeichen auf die zuvor lahmende Innenstadt ausging: Wie Pilze aus dem Boden wuchsen ringsum die Hochhäuser in den Himmel. Für dreistellige Millionenbeträge entstanden Einkaufszentren, Cafés und Restaurants, Büros und schicke Wohnquartiere. Die Queen Street ist nicht mehr nur während der Bürostunden das pulsierende Herz der City. Und wer mit dem kostenlosen City Circuit Bus eine Runde dreht, wird kaum verstehen, weshalb Einheimische wie Fremde früher lästerten: »Fast so groß wie der Zentralfriedhof von Chicago, aber doppelt so tot.«

Schaustück dieser rasanten Entwicklung ist das Viaduct Basin, für die America's-Cup-Teams hergerichtet und heute ein beliebter Treffpunkt unweit des historischen Ferry Buildings, das – wie auch die schmucke alte Post – in neuem Glanz erstrahlt. Die »Kreuzfahrer« erhielten einen modernen neuen Terminal und tragen seither zur Belebung Aucklands bei. Früher machten Touristen, die meist nur wegen des Flughafens nach Auckland kamen, bestenfalls eine Hafenrundfahrt, ehe sie der Stadt den Rücken kehrten und eilig den Schönheiten der neuseeländischen Natur entgegenstrebten. Heute ist die Metropole selbst eine Attraktion von eigenem Reiz: Ihr Wahrzei-

Am Mount Eden, einem der ruhenden Vulkane von Auckland, erkennt man an den Trittstufen: Selbst in der Metropole grasen Schafe (oben). – Die Stadt ist nicht nur eingebettet zwischen grüne Hügel, sie ist auch von faszinierender Landschaft umgeben, beispielsweise Cape Brett in der Bay of Islands (Mitte) oder der palmengesäumten Küste der Halbinsel Coromandel (rechts).

chen, die 1959 eröffnete und rund 43 Meter hohe Auckland Bridge, bietet Besuchern inzwischen die Möglichkeit zu Bungee-Sprüngen oder, angeseilt, zu Wanderungen über den Brückenbogen. Für besonderes Vergnügen sorgt auch Kelly Tarlton: Der ehemalige Schatztaucher hat in einem einstigen Flutreservoir ein unterirdisches Aquarium angelegt, durch das die Touristen in einem Plexiglastunnel bummeln und dabei die Haie auch von unten beobachten können. Nebenan stolzieren in eisgekühltem Ambiente Tarltons Pinguine. Für sie werden täglich drei Tonnen Schnee produziert.

Technik und Historie – aus dieser Mischung bezieht nicht nur das Transportmuseum, sondern auch das National Maritime Museum seinen Reiz. Für eine abgelegene Inselrepublik, weit weg und *down under* im Südpazifik, spielte die Seefahrt immer eine besondere Rolle. Mit polynesischen Kanus kamen die ersten Polynesier nach Aotearoa, mit britischen Segelschiffen die ersten europäischen Siedler. Mit den

Spirits Bay

Cape Reinga
Te Paki
North Cape

Ninety Mile Beach

Te Kao

Waihopo
Rangaunu Bay
Houhora

Lake Ohia
Whangaroa Bay

Kaitaia
Whangaroa

Kerikeri

Umawera
Waitangi
Russell
Bay of Islands

NORDINSEL

Kaikohe
Paihia
Kawakawa

Opononi
Waiomio

Hokianga Harbour
Otonga

★ Waipoua Kauri Forest

T a s m a n - S e e

Maungatapere
Whangarei

Mamaranui

Oakleigh
Marsden

Dargaville
Waipu
Beam Bay

Ruawai

GREAT BARRIER ISLAND

Kaiwaka

Kaipara Harbour

Wellsford

Warkworth

North Head

H a u r a k i Gulf

South Head

COROMANDEL PENINSULA

Puhoi

WAIHEKE ISLAND
Coromandel

Helensville

Tamaki Strait

Whitianga

Manukau Harbour
Auckland
Papakura
Firth of Thames

N
0   25 km

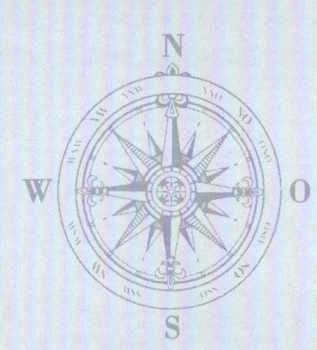

N
W — O
S

Ein Wirtschaftszentrum mit Urlaubsambiente?
Auckland macht's möglich. Ringsum mangelt
es nicht an schönen Stränden (unten) und nicht
nur im Parnell-Viertel ist die Café-Latte-Kultur
zuhause (links). – Aucklands Vorgängerin als
– zeitweilige – Hauptstadt ist Russell, heute
ein altes Städtchen mit historischem
Kirchlein (oben).

Cool Auckland: Die neuerdings blumengezierte Wasserfront des Ferry Building (großes Bild), früher schmuddeliges Mauerblümchen, ist nun ein beliebter Treff. – Die Wandmalerei im Hochhausformat zeigt die Brücke von Auckland, das einst nächtens verwaiste Stadtzentrum ist aufgeblüht und Coffeeshops haben dröge Kneipen abgelöst (ganz rechts, von oben). Relikte des alten Auckland wie das Ewelme Cottage in Parnell (rechts) sind inzwischen rar geworden.

ersten Kühlschiffen begann Neuseelands Erfolgsgeschichte als Exporteur von Lammfleisch sowie Butter und Früchten. So hatte es eine spezielle Bedeutung, dass dieses Museum am Viaduct Basin ein wichtiger Teil der Stadterneuerung wurde und zu Aucklands neuer und auch wirtschaftlich stimulierender Rolle als »cool city« beitrug.

Auch das jährlich von einer halben Million Menschen besuchte Auckland Museum im weitläufigen Park der Domain profitierte von dem Aufschwung. Für einen hohen zweistelligen Millionenbetrag wurde der massige Bau umfassend modernisiert und ohne mit dem Denkmalschutz zu kollidieren erweitert. Bei dieser Gelegenheit erhielt das früher War Memorial Museum genannte Haus, dessen Südsee-Sammlung weltweit Anerkennung genießt, auch eine längst überfällige Dauerausstellung zum Thema Vulkane. Schließlich ist Auckland die einzige Millionenstadt der Welt, die auf einem aktiven Vulkanfeld steht.

Davon zeugen zahlreiche Vulkankegel im Stadtgebiet, um die herum teilweise Parks entstanden sind, die wegen ihrer schönen Aussicht beliebte Picknickziele sind. Die bekanntesten sind neben der Domain der 196 Meter hohe Mount Eden und der etwas kleinere One Tree Hill, dessen einsamer Baum schon vor Jahren wegen Altersschwäche gefällt werden musste. Beide Hügel wurden übrigens, wie viele andere der fast 50 Vulkankegel in Auckland, von den Maori einst als befestigte Siedlungen, so genannte *pas*, ausgebaut.

Die Vulkane gelten als »schlafend«, und dies bereits seit mehreren tausend Jahren. Forscher haben allerdings berechnet, dass binnen 50 Jahren rund fünf Prozent von Aucklands Vulkanen wieder aktiv werden könnten – eine Horrorvorstellung angesichts der dichten Bebauung. Entstanden sind die ältesten Feuerberge vor rund 140 000 Jahren, der jüngste Vulkan ist gerade einmal 600 Jahre alt: die Insel Rangitoto im Hauraki-Golf.

Thames mit seiner typisch britischen Kirche (rechts). Zugang zur Halbinsel Coromandel, die mit ihren Stränden und Buchten (rechts unten: Hahai Bay, großes Bild: Pauanui), nicht nur Aucklänger, sondern auch Besucher aus aller Welt anzieht. Quasi ein Pflichtstopp für alle Fremden ist die Hot Water Beach bei Hahei (unten). Hier schaufelt sich jeder sein eigenes warmes Bad aus dem Sand.

Seite 52/53: Etwa 150 Inseln und noch viel mehr Buchten zählt die Bay of Islands.

Die neueste der mehr als 30 Inseln ist ein beliebtes Ausflugsziel. Das gilt auch für den – nach dem weiter draußen in der See liegenden Great Barrier Island – zweitgrößten Landflecken des Archipels, Waiheke. Das Eiland ist per Fähre nur 30 Minuten von Aucklands City entfernt und wird deshalb immer beliebter als entspannender Wohnsitz. Schon die Maori wussten die Vorteile der Inseln zu schätzen, wenn sie auch weniger an Komfort als an militärischen Nutzen dachten. Die Inseln boten ebenso wie die gut zu befestigenden Vulkankegel auf dem Festland strategische Vorteile. Dasselbe galt für die nur zwei Kilometer breite Landenge zwischen Pazifik und Tasmanischer See, auf der Auckland liegt. Auch die Siedler aus Europa schätzten die günstige Lage: Bereits 1840 verlegten sie ihre Hauptstadt von Russell ins günstiger gelegene Auckland. Dass der Titel bereits im Jahr 1865 weiter südwärts nach Wellington wanderte, lag an dessen Nähe zur Südinsel, auf der es Bestrebungen gab, einen unabhängigen Staat zu gründen. Seitdem klagen die Auckländer nicht zu Unrecht, sie würden, obwohl ihre Stadt die wahre Metropole des Landes sei, von fast 700 Kilometer entfernten Bürokraten regiert.

Majestätische Baumriesen

Das gilt naturgemäß noch stärker für den nördlichsten Teil des Landes, etwas wenig einfallsreich Northland genannt. Von Auckland bis Cape Reinga am Ende der lang gestreckten Region sind es fast 400 Kilometer, mehr als sechs Stunden Fahrzeit berechnet der Kalkulator auf der Website des Automobilclubs AA. Eine Angabe, die nur beweist, dass man sich für eine Northland-Tour mehr als einen Tag nehmen sollte, denn unterwegs auf dieser von großen Buchten, Stränden und Wäldern geformten Halbinsel gibt es wirklich Außergewöhnliches zu sehen und zu erleben – zumal hier die Geschichte des »weißen« Neuseelands begann und bis heute spürbar ist. Dabei setzten die weißen Siedler durchaus nicht nur positive Zeichen, wie sich an den einst majestätischen Kauri-Wäldern zeigt, von denen heute nur wenige Einzelstämme erhalten geblieben sind. Allerdings mussten die Bäume, die zu den größten der Welt zählen, auf die Europäer fast so anziehend gewirkt haben wie das begehrte Gold. Die Seeleute sahen in ihnen ideale Masten und perfektes Holz für den Schiffsbau,

die ersten Siedler Material für den Hausbau und ein vorzügliches Exportgut. So wurden, wie das Kauri-Museum in Matakohe zeigt, die Waldriesen eifrig gefällt. Das gilt auch für den unerreichten Rekordhalter, der 1850 mit einem Umfang von 23,43 Metern vermessen wurde. Überlebt hat diese Phase glücklicherweise der »Gott des Waldes«, Tane Mahuta, bei Waipoua. Er ist fast 52 Meter hoch und rund 1200 Jahre alt. Bei Whangarei wächst allerdings bereits ein Nachfolger heran, der einen Umfang von 20 Metern hat. Aber auch Tane Mahuta kann noch zulegen, denn Kauris leben und wachsen etwa 2000 Jahre lang.

Als sich der Kauri-Handel mangels großer Stämme im 19. Jahrhundert allmählich seinem Ende zuneigte, entdeckten findige Köpfe den hohen Wert des »Gum« genannten Kauri-Harzes als Grundstoff für die Lackherstellung. In den Wäldern wurde daher nach abgetropften und verhärteten Brocken gegraben, zugleich wurden die Bäume angezapft. Das hoch profitable Geschäft endete erst, als die Industrie billigere synthetische Chemikalien entwickelte. Heute gibt es im Northland mehrere Zuchtprogramme und Wieder-

Fortsetzung Seite 56

Stets hart am Wind

Segeln ist in Neuseeland Volkssport

am sailing« – wohl nirgendwo sonst wird Rod Stewarts Welthit mit mehr Inbrunst angestimmt als in Neuseeland. Ein paar Neuseeländer sind fast immer dabei, wenn bei großen Segelregatten die Medaillen verteilt werden. »Kiwis können vielleicht nicht fliegen«, sagte ein genervter Regattakonkurrent, als die Sportsfreunde von Down Under wieder mal als Erste über die Ziellinie gegangen waren, »aber sie können verdammt gut segeln.«

Das beweisen auch die Trophäensammlungen in den Clubhäusern zwischen Auckland und Invercargill: Das prestigeträchtigste Rennen, der America's Cup, ging zweimal an die neuseeländischen Farben, das härteste Rennen, das weltumspannende Whitebread Race (Volvo Ocean Race), sogar dreimal. Und die zehn Medaillen bei Sommerspielen machen Segeln zur erfolgreichsten olympischen Disziplin des Inselstaats. Hinzu kommen etwa 60 Weltmeistertitel.

Die internationalen Triumphe des einwohnerzahlenmäßig kleinen Landes wären nicht möglich, wenn Segeln nicht auch ein Volkssport wäre. Oft heißt es, auf diesen Inseln gebe es pro Kopf der Bevölkerung mehr Segelboote als in jedem anderen Land der Erde. Beweisen lässt sich das kaum, aber wer einmal an einem schönen Wochenende über die beiden Meeresbuchten von Auckland, der »City of Sails«, blickt, wird diesen Weltrekord als sehr wahrscheinlich

erachten. Allerdings behaupten die Einwohner von Wellington, sie hätten noch mehr Boote als die Auckländer ...

Woher kommt diese nationale Passion zu Tuch und Wind? Harold Bennett von der Royal New Zealand Yacht Squadron

sieht dafür mehrere Gründe: »Hingabe von Kindesbeinen an, ständige und starke Konkurrenz in den heimischen Gewässern, eine überaus kompetente maritime Industrie, die aktive Segler unterstützt – all das spielt eine Rolle. Aber sehr viel hat natür-

lich auch mit der Geografie zu tun. Als eine Inselnation hat Neuseeland tiefreichende maritime Traditionen.« Bennett verweist darauf, dass sowohl die Maori als auch die europäischen Siedler ihr Ziel erst nach langen Seereisen erreichten.

»Lange abhängig vom Ozean für jeglichen Handel und für alle Kommunikation waren die Neuseeländer gezwungen, seetüchtige, zuverlässige Schiffe zu bauen und unmittelbare Kenntnisse von der Seefahrt zu erwerben«, ergänzte Bennett. Heute sind neuseeländische Bootsbauer weltweit ebenso gesucht wie die Segler von Down Under, die die großen Regattatitel einsammeln. Bestes Beispiel ist Russell Coutts. Der Segel-Olympiasieger errang die »alte Kanne« (aulde mug)

dreimal in Folge, die ersten beiden Male für sein Heimatland, aber beim dritten Sieg 2003 trat er für die Schweiz an. Den Kiwis galt er seitdem als Verräter.

Inzwischen hat Neuseeland eine Förderung talentierter Jungsegler etabliert: Wer bei den mehr als 100 Segelclubs positiv auffällt, wird zu Trainingskursen eingeladen.

Eine große Hilfe auf dem Weg zum Seglerruhm ist auch die P-Class, eine lokale Erfindung. Die kleinen, schwierig zu segelnden Dinghis sind für viele Kiwi-Kinder eine logische Stufe zwischen Dreirad und Boot. Und weil die P-Boote die Teenager an der Pinne wirklich fordern, sind sie, wenn sie dann auf Kielboote umsteigen, bestens gerüstet.

Ob mit der Rennjacht in Auckland (1 und 2), ob vor Wellington im kindertauglichen Miniboot (4), mit einem Katamaran auf dem Lake Wanaka (5) oder im Freundeskreis in der Bay of Islands (3), wo sich Wasser und Wind treffen, setzen die Kiwis ihre Segel. Oft werden sie, wie in der Bay of Islands, von Delfinen begleitet (6).

aufforstungen. Im subtropischen Klima gedeihen die jungen Kauris gut, zumal die Bäume trotz ihrer langen Lebensdauer in den ersten Jahren sehr schnell wachsen. Das knappe und deshalb teure Kauri-Holz wird inzwischen nur noch für Möbel und Souvenirs verarbeitet, die Maori bauen aus größeren Stämmen nach Art ihrer Vorväter bisweilen noch Einbaum-Kanus.

Früher verschiffte man die Stämme über die Strände des Northlands, die heute nur noch dem Freizeitvergnügen dienen. Mit einer Ausnahme: Der bekannte 90-Mile-Beach an der Westküste hat eine derart feste Sandplatte, dass er bei Ebbe auch als Alternative zur einzigen Straße Richtung Norden genutzt wird. Vor allem Touristen lieben es, wenn ihr Bus gemächlich über die Strandpiste rollt. Dafür nehmen sie auch gerne in Kauf, dass sie ein bisschen beschummelt

werden: Der Sandstreifen Strand ist statt der versprochenen 90 nur 64 Meilen lang. In Kilometern – es sind 103 – hört sich des Surfers Lieblings-Sandstreifen besser an.

Ein falsches Versprechen machen auch all jene, die Cape Reinga als den nördlichsten Punkt des neuseeländischen Festlands anpreisen: Die fünf Kilometer entfernten Surville Cliffs liegen noch etwas weiter im Norden. Doch Cape Reinga macht mehr her. Zum einen ist es bequem per Straße zu erreichen, zum anderen dank seines 50 Kilometer weit sichtbaren Leuchtturms fotogener und drittens steht dort ein wohl 800 Jahre alter, verknoteter Pohutuka-Baum, der für die Maori eine große spirituelle Bedeutung hat. Hier verlassen die Seelen der Verstorbenen das Land, gleiten durch die See hinüber zu den vorgelagerten Three Kings Islands, wo sie noch einmal nach Neuseeland zurückblicken, ehe sie völlig eintauchen ins Meer auf dem Weg nach Hawaiki, ins seelige Jenseits.

Geschichtsreiche Badebucht

Eine Empfehlung für die Rückfahrt ist ein Badestopp an den Stränden der Doubtless Bay. Und quasi ein Muss ist ein Halt an der Bay of Islands, die ihrem Namen mit fast 150 Inseln alle Ehre macht. Aber es ist nicht nur die landschaftliche Schönheit dieses abgesunkenen Flusssystems, die beeindruckt. Auch der Geschichte verdankt diese Bucht viele ihrer Sehenswürdigkeiten. Hier gründete Samuel Marsden ab 1814 vier Missionsstationen, ab 1820 entstand in Kororareka, dem heutigen Russell, eine weniger gottgefällige Siedlung: Entlaufene Matrosen, entlassene Häftlinge aus Australien, wüste Walfänger, Schnapsbrenner und Maori-»Schiffsmädchen« sorgten dafür, dass dem Nest der Spitzname »Höllenloch des Pazifiks« zuteil wurde.

Linke Seite: Die Matauri Bay ist nicht nur wegen ihrer schönen Küste ein beliebtes Ausflugsziel. Auch die Taucher lieben die Bucht, in der das Wrack der »Rainbow Warrior« versenkt wurde. Die Strände des Northland werden hin und wieder auch von Reitern genutzt, die ihr braves Tier zum Seepferdchen machen (links).

Änderung versprach 1840 der Vertrag von Waitangi, der im Haus von James Busby, dem offiziellen Vertreter der britischen Krone, von den wichtigsten Maori-Häuptlingen unterzeichnet wurde. Sie übertrugen damit den Briten die Souveränität über Neuseeland. Es ist allerdings fraglich, ob alle Häuptlinge wirklich wussten, worunter sie ihr Zeichen setzten. Deshalb wird die Gültigkeit des Vertrags von Maori-Aktivisten bis heute bezweifelt. Das »Treaty House«, dessen Terrasse einen schönen Blick über die Bay bietet, blieb erhalten und ist heute ein Museum. Im selben Jahr wurde Kororareka, das wegen seiner üblen Reputation in Russell umgetauft worden war, einige Monate Hauptstadt des Landes.

Vier Jahre später begann der erste Unterzeichner des Vertrags, Häuptling Hone Heke, eine Rebellion gegen die Briten, bei der es vor allem um Landrechte ging. Daraus entwickelten sich auch in anderen Landesteilen die Maori-Kriege, die sich bis 1870 hinzogen. Hekes Aufstand endete 1846 mit einem Sieg der britischen Truppen. Im Jahr zuvor hatten seine Krieger allerdings noch Russell niedergebrannt. Christ Church, die älteste Kirche des Landes, zeigt heute noch Spuren der heftigen Kämpfe.

Welch ein Gegensatz: Heute ist die Bay of Islands eine besonders friedvolle Ecke Neuseelands und zu Konflikten kommt es nur, wenn sich in der weihnachtlichen Hauptsaison die Touristen im Hauptort

Das kleine Russell war in den frühen Tagen der Kolonie wegen seiner Raufbolde, Huren und entlaufenen Häftlingen berüchtigt als »Höllenloch des Pazifiks« (Mitte). Die Fahrt in den Norden nach Cape Reinga lohnt nicht nur wegen des Wegs über den 90-Mile-Beach, den man sogar mit dem Wohnmobil befahren darf (links).

Es gibt wohl kaum einen Campervan-Touristen, der die Region Northland auslässt (rechts) und damit Szenerien wie die tief ins Land reichende Bucht des Hokianga Harbour (großes Bild) oder den kurzen Te-Paki-Fluss versäumt (unten).

Gepflegtes Erbe

Wie wäre es mit einem gepflegten Mahl im einstigen Speisesaal der Melanesischen Mission? Einem Konzert in der schönen Kirche St. Paul? Einer Buchdruck-Lektion im Haus von Bischof Pompallier? Der New Zealand Historic Places Trust macht es möglich. Die vor gut 50 Jahren vom Parlament gegründete Denkmalschutz-Organisation soll sich für den Erhalt geschichtsträchtiger Bauten einsetzen. Mehr als 40 solcher Stätten stehen Besuchern offen. Die drei Beispiele in Auckland, Wellington und Russell zeigen, dass es einst die Kirchenleute waren, die bessere Bauten bezahlen konnten. Aber der Trust betreut auch Farmen und Mühlen, sogar ein Postamt und eine Brücke sind in ihrem Portfolio vertreten. Eine eigene Abteilung sorgt sich um die Zeugnisse der Maori-Kultur. Bei vielen der historischen Häuser müssen Touristen Eintrittsgelder zahlen. Wer mehrere Stätten besucht, ist eventuell mit einer Jahresmitgliedschaft besser beraten (www.historic.org.nz).

Paihia um die besten Restaurantplätze streiten. An der Pier starten auch diverse Bootstouren durch dieses attraktive Revier, in dem meist Delfine die Boote begleiten und bisweilen auch Wale oder Haie gesichtet werden. Ein Großteil der Bucht steht als Meerespark unter Naturschutz. Ziel fast aller Bootstouren ist Cape Brett am Ausgang der Bay, wo die Landspitze mit einer Felseninsel geziert ist, die dank eines großen Lochs per Boot durchquert werden kann. »Hole-in-the-Rock« ist auch Teil des beliebten »Cream Trip«, mit dem einigen Siedlern auf den Inseln oder entlang einsamer Küstenabschnitte die Post zugestellt wird. Die Tour erhielt ihren Namen, weil der Kapitän einst auch die Milchkannen von den abgelegenen Farmen einsammelte. Heute ist aber der Touristentransport das Hauptgeschäft, einschließlich Nachmittagstee – *cream tea* natürlich.

Etwas härtere Getränke waren gewiss gefragt, als Mitte des 19. Jahrhunderts Neuseelands erster Goldrausch auf der Coromandel

Peninsula ausbrach. Es war ein kurzlebiger Rausch, der die Halbinsel vor Auckland und dem Hauraki-Golf bald wieder in ihre angestammte Ruhe zurücksinken ließ. Daran hat sich trotz der Nähe zur Wirtschaftsmetropole Auckland, wenig geändert – zumindest außerhalb der Ferienzeit. Wenn die Nation in Urlaub fährt, dann brummt es auch in ansonsten so beschaulichen Seebädern wie Pauanui, Tairua oder Whangamata. Überdies entdecken immer mehr Aucklander den Reiz der – nach einem Schiff benannten – Halbinsel und bauen sich Ferienhäuser an die feinsandigen Küstenabschnitte.

Eine totale Zersiedelung ist allerdings nicht zu befürchten, denn große Abschnitte der Küstenlinie sind tosend umbrandet, felsig und kaum zugänglich. Und das bergige von wenigen Straßen durchzogene Landesinnere präsentiert sich immer noch wild und einsam wie einst. Allein dass es in den Wäldern an großen Kauri-Bäumen mangelt, zeigt noch, dass hier schon Menschen unterwegs waren: Holz-

plünderer, die Anfang des 19. Jahrhunderts wie im Northland so auch hier leider ganze Arbeit geleistet haben.

Heute sind es vor allem Künstler und Kunsthandwerker, die sich auf Coromandel niederlassen, Töpfer, Weber, Maler und andere, die gerne in ihre Ateliers einladen. Einige Schmuckdesigner haben sich darauf spezialisiert, lokale Edelsteine zu verarbeiten – Coromandel bietet die größte Vielfalt solcher Schmucksteine. Achate und Kristallquarze wurden zeitweise auch in Bergwerken abgebaut.

Die bunte Pracht ist auch ein Erbe jener Vulkane, die einst die Landzunge formten. Dass die Erde hier immer noch hitzig ist, zeigt sich am Hot Water Beach an der Mercury Bay. Dort tritt ständig hoch temperiertes Wasser aus dem Sand, und bei Ebbe buddeln sich viele Besucher eine Kuhle, in der sie dann ihr privates heißes Bad genießen. Es gibt wohl kaum eine angenehmere und passendere Art, sich auf einen Besuch im heißen Herzen Neuseelands, auf Rotorua vorzubereiten.

Ganz in Schwarz

Für den Sportdress gilt »all black«

1

2

Die so genannten »All Blacks«, die Spieler in der Rugby-Nationalmannschaft, genießen in Neuseeland eine nahezu überirdische Verehrung. Vielleicht sind deshalb ihre schwarzen Trikots, geziert mit einem silbernen Farnblatt, zum modischen Vorbild für fast alle neuseeländischen Nationalteams geworden, ganz gleich in welcher Sportart. Die Kiwi-Sportler bevorzugen Schwarz.

Dabei soll »all black« nur ein Druckfehler gewesen sein: Als ein Kiwi-Team 1905 in Großbritannien die konsternierten Briten serienweise besiegte, soll eine englische Zeitung geschrieben haben, die Gegenspieler hätten von den schnellen Neuseeländern immer nur deren Rücken gesehen: »all backs«. Spä-

ter ist durch den Fehler eines Druckers daraus angeblich »all blacks« geworden. Aber diese Version ist umstritten – die Website des Rugby-Museums in Palmerston North (www.rugbymuseum. co.nz) widmet sich ausführlich dieser Frage.

Wie auch immer, Rugby ist zweifellos die mit Abstand beliebteste Sportart, vor Cricket und Segeln.

Erst dann kommen alle anderen Sportarten, einschließlich des Fußballs (Soccer), der ansonsten in britisch geprägten Ländern der Sport Nummer eins ist. Fußballer wachsen langsam aus der Nebenrolle heraus und betonen das auch mit ihrer Trikotfarbe. Seit die »All Whites« bei der Fußball-Weltmeisterschaft 2010 nach der Vorrunde ungeschlagen

3

4

wieder nachhause kamen, sind auch sie beliebt. Ohnehin sind in keiner Sportart so viele Neuseeländer selbst aktiv wie im Soccer, was auch daran liegt, dass viele Mädchen dem Fußball nachjagen und wenig Interesse am rauen Rugby haben. Frauen-

Rugby mit der Nationalmannschaft der Black Ferns spielt eine Nebenrolle.

Wenn im Sommer die Rugby-Heroen pausieren, dann übernimmt Cricket die Rolle als populärste Sportart. International sind die Herren im weißen Dress aber

weniger erfolgreich als die Rugby-Stars, 1956 konnten sie erstmals ein Länderspiel gewinnen. International sehr erfolgreich sind Neuseelands Damen im Netball, einer Version des Basketball, die speziell für Frauen entwickelt wurde.

Bei den erwachsenen Neuseeländerinnen steht Netball an der Spitze der Beliebtheitsliste, bei den Mädchen an zweiter Stelle hinter Schwimmen.

Die Männer spielen am liebsten Golf, ein Sport, dem in Neuseeland nichts Elitäres anhaftet. Es kostet auch nicht viel, den Schläger zu schwingen, auf manchen Plätzen liegen die *green fees* unter zehn Euro. Zum nächsten Golfplatz dauert die Autofahrt maximal 45 Minuten, denn es gibt fast 400 Golfplätze. Das ist bezogen auf die Einwohnerzahl Weltrekord. Umso erstaunlicher ist es, dass die Kiwis nie einen Weltstar in dieser Sportart hervorgebracht haben. Andernorts ist Orienteering ein Nischensport. Auf den Neuseelandinseln gibt es aber viele

Sportler, die in den Busch ziehen und sich darin üben, möglichst schnell zu laufen und sich in fremder Umgebung zu orientieren. International messen sich die Kiwi-Orientierer vorzugsweise mit den australischen Nachbarn, den »Bushrangers«. Das Kiwi-Team hat sich den Namen »Pinestars« gegeben – ein unverfänglicher Name.

Da waren Neuseelands Badmintonspieler kecker. Sie wollten ihre Nationalmannschaft »Black Cocks« nennen. Cock bedeutet im Englischen »Hahn«, ist aber zugleich ein Slangwort für das männliche Glied. Folglich gab und gibt es Bedenken dagegen. Im Volksjargon hat sich die Bezeichnung längst etabliert – und ein Kondomhersteller hat schon einen Sponsorenvertrag angeboten.

1 *Für Wagemutige: Bungee-Jumping von der Kawaru Bridge bei Queenstown.* – 2 *Die Rugby-Nationalmannschaft Neuseelands, die »All Blacks« (in Schwarz), präsentieren ihren traditionellen haka (Maori-Tanz). Das Nationalteam von Tonga (in Rot) hält dagegen.*

3 *Fliegenfischer am Lake Taupo.*
4 *»Sky Dive« an der Westcoast.*
5 *White Water Raft bei Queenstown.*
6 *»Radweitwanderer« an der Westküste.* – 7 *Mit dem Kajak kann man bei Rotorua den Green Lake befahren.* – 8 *Der Nationalsport Cricket will geübt sein.*

Seite 60/61:
Ursprüngliche Schönheit –
Cape Maria van Diemen und
Cape Reinga.

Seite 64/65:
Kathedralen aus Stein – Felsküste
an der Cathedral Cove.

Wo sich die Erde regt

Geysire und Vulkane faszinieren auf der Nordinsel

Showtime in Rotorua: Die hier seit Jahrhunderten heimischen Maori haben sich mit ihren traditionellen Tanzvorführungen (oben) eine neue Erwerbsquelle erschlossen. Nun hat auch die Maori-Jugend (rechts) eine Zukunft: Erstmals ist genug Geld im Haus für eine gute Ausbildung. Dafür sorgt auch der Geysir Pohutu (rechte Seite), dessen Fontänen Tausende von Touristen ins Maorieigene Thermalquartier Whakarewarewa locken.

P off! Mit einer kleinen Explosion schießt die Wassersäule zischend aus dem Erdinneren, gut 17 Meter hoch. Nicht schlecht heute, aber doch ein gutes Stück weg vom Rekord. An guten Tagen schafft es »Lady Knox« auf mehr als 20 Meter. Allerdings muss man der Dame mit einem Stück Seife auf die Sprünge helfen. Das löst die Oberflächenspannung des Wassers und macht aus einem der Heißwasserlöcher in und um Rotorua einen echten Geysir. Das schäumende Ritual hat den Vorteil, es touristengerecht täglich um 10.15 Uhr in Gang setzen zu können.

Diese von Besuchern aus aller Welt geschätzte Attraktion verdankt Neuseeland dem Strafvollzug: 1901 richtete die Regierung hier ein »offenes Gefängnis« für minderschwere Jungs ein. Und als die einmal ihre Hosen in dem Wasserloch waschen wollten, kamen sie per Zufall auf die für Geysire belebende Wirkung von Seife. Zu einer Sehenswürdigkeit hätte das aber auch noch nicht gereicht, denn das Wasserloch war zu groß. Doch der Wärter der Knasttruppe hatte die richtige Idee. Er wies die Häftlinge an, das Loch mit großen Steinen zu verkleinern – und seither gibt es die heiße Fontäne. 1903 besuchte Lord Ranfurly, der Gouverneur der Kolonie Neuseeland, die Haftanstalt; ein Anlass, den Geysir zu Ehren seiner Tochter Constance Knox zu taufen.

Heute sorgt die Lady für sprudelnde Einnahmen in Waiotapu (»Heiliges Wasser«), einem Naturschutzgebiet in Regierungsbesitz unweit der Hauptstadt des aktiven Vulkanreviers im Zentrum der Nordinsel. Waiotapu ist mit seinen Kratern, seinem blubbernden Schlammpool und seinem rotgesäumten »Champagnerpool« das farbenreichste unter den Thermalgebieten von Rotorua. Das aktivste ist Tikitere, auch als »Tor zur Hölle« bekannt, das meistbesuchte ist

Nach mindestens 500 Jahren Ruhe explodierte 1886 plötzlich der Vulkan Tarawera – heute dient sein Krater als Allrad-Attraktion von beeindruckender Ödnis in 1111 Metern Höhe (oben). Typisch für die Region sind kleine hölzerne Maori-Kirchen wie das Gotteshaus in Raukokore beim East Cape (rechts).

ebenso verschwunden wie der – inzwischen wieder aufgefüllte – Rotomahana-See, der sich binnen Sekunden in heißen Dampf aufgelöst hatte. Mindestens 153 Menschen kamen bei der Katastrophe um, drei Dörfer verschwanden unter einer dicken Ascheschicht. Te Wairoa, das »Pompeji des Pazifiks«, ist von Archäologen teilweise freigelegt worden und eine Station auf dem Weg durch das Thermalgebiet. Weitere Highlights sind der vier Hektar große kochende Waimangu-Kessel, einer der weltweit größten seiner Art, sowie ein türkisfarbener See inmitten roter Uferfelsen und die dampfenden Klippen, die es theoretisch ermöglichen, die am anderen Ende des Sees geangelten Forellen im selben Wasser zu kochen.

Rund um Rotorua

Der größte aller Seen der Region ist Lake Rotorua, von alters her ein Zentrum der Maori, wie das Dorf Ohinemutu beweist. Rotorua wuchs um das Dorf herum zu einer Stadt, deren Aufschwung den heißen Quellen zu verdanken war. Bereits 1906 ließ die Regierung inmitten einer Parkanlage ein Badehaus errichten, heute dient das schmucke Gebäude im Tudorstil als Kunstmuseum. Aber es mangelt nicht an Thermalbädern in dem Ort, über dem stets der leichte Schwefelgeruch aus den unzähligen Quellen liegt. Die Polynesian Pools sind die bekanntesten Bäder, aber alle größeren und viele kleinere Herbergen haben ihre eigenen dampfenden Pools. Und bisweilen geht es den Bürgern von Rotorua so wie vor einigen Jahren Karen Herbert. Urplötzlich schoss ein Geysir in ihrem Vorgarten gen Himmel, zwölf Meter hoch und Schlamm wie Felsbrocken um sich schleudernd. Seither spuckt das Erdloch unregelmäßig Schlamm und Felsbrocken in

Whakarewarewa unmittelbar am Stadtrand von Rotorua. Hier leben Maori zwischen den Kratern und Geysiren – der Pohutu ist mit 30 Metern Wassersäule Neuseelands Rekordhalter. Die kostenlose Heißwasserversorgung wird zum Kochen, Wäschewaschen und Baden benutzt, in verschiedenen Naturpools selbstverständlich. Die Maori von »Whaka« haben sich gezielt auf den Tourismus eingerichtet und deshalb auf einem Hügel auch ein Pa, ein Fort, nachgebaut.

Das historisch bedeutendste Thermalrevier ist aber gewiss Waimangu, ein Tal am Fuß des ruhenden Vulkans Tarawera. 1886 explodierte er ohne jegliche Vorwarnung mit einer Serie von Eruptionen und riss eine gewaltige Spalte in den Berg. Die von den heißen Quellen geformten Pink and White Terraces, die schon im 19. Jahrhundert sogar Touristen bis aus Europa und Amerika anlockten, waren

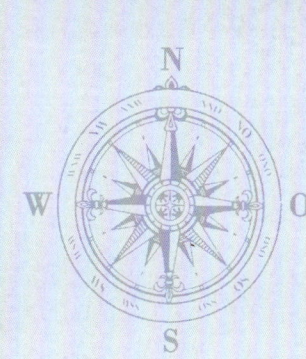

Map labels

Hauraki Gulf
Puhoi
COROMANDEL PENINSULA
MERCURY ISLANDS
Coromandel
WAIHEKE ISLAND
Mercury Bay
Tamaki Strait
Whitianga
Hot Water Beach
Manukau Harbour
Auckland
Firth of Thames
Pauanui
Papakura
Thames
Whangamata
Pukekohe
Pokeho
Paeroa
Waihi
MAYOR ISLAND
Lake Waikare
Huntly
Katikati
NORDINSEL
WHITE ISLAND
Waihou
Hamilton
Tauranga
Bay of Plenty
Cape Runaway
Waihau Bay
Te Araroa
Raglan
Te Puke
Pukehina
Te Kaha
East Cape
Matamata
Te Awamutu
Waikato
Tirau
Whakatane
Raukumara Range
King Country
Lake Rotorua
Tikitere
Opotiki
Waitomo-Höhlen
Te Kuiti
Rotorua
Whakarewarewa
Lake Tarawera
Mt. Tarawera 1111
Tokomaru Bay
Waimangu
Ohinemutu
Lake Rotomahana
Eight Mile Junction
Whahamaru
Waiotapu
Atiamuri
Wai-O-Tapu Thermal Wonderlands
UREWERA NATIONAL PARK
Tolaga Bay
Matawai
Awakino
Ohgarue
Wairakei
Taupo
Huka Falls
Lake Waikareiti
Gisborne
Tatu
Taumarunui
Manunui
Lake Taupo
Lake Waikaremoana
Poverty Bay
Hatepe
Whangamomona
Mt. Tongariro 1968
Turangi
Tarawera
Mt. Ngauruhoe 2290
Wairoa
Nuhaka
TONGARIRO NAT.PARK
Mt. Ruapehu 2796
Hawke Bay
MAHIA PENINSULA
Raetihi
Ohakune
Whirinaki
Waiouru
Napier

0   N   25 km

N
W   O
S

Neuseelands längste Pier ragt 660 Meter tief in die Tolaga Bay (links). Sie bietet, ebenso wie die benachbarten Gewässer rings um das East Cape, verheißungsvolle Fischgründe.

Very british: Rotoruas Rasenbowler tragen vor dem historischen Bath House *(großes Bild)* – heute ein Kunstmuseum – natürlich Reinweiß. – Auch das Touristikamt ist einem Tudorhaus untergebracht *(unten)*. Da darf ein Pub namens »Pig and Whistle« *(rechts oben)* nicht fehlen. Und selbst Rotoruas Kids reihen sich am Green Lake artig auf wie an einer Bushaltestelle im »Mutterland« *(rechts unten)*.

Ross und Reiter

Neuseeländer sind pferdenärrisch. Zumindest Pferde-
wetten-närrisch. So ist es nicht verwunderlich, dass sie
sich mit Edward W. Stafford einen Ex-Jockey als Premierminister gewählt haben. Aber noch berühmter als der
sattelfeste Premier ist auf den Inseln ein Pferd: Phar Lap.
Das in Neuseeland gezüchtete Rennross schlug zu seiner Zeit nahezu alles, was mit ihm an den Start ging.
Zum Kummer der Kiwis rannte der flinke Gaul seine
Runden aber meist in Australien. Und als es auf einer
Amerika-Tournee ums ganz große Geld gehen sollte,
starb Phar Lap auf bis heute ungeklärte Weise. Immerhin, sein Skelett kehrte zu den Kiwis zurück und steht
heute im Nationalmuseum Te Papa. Doch selbst jetzt
haben die Aussies die Nase vorn: Das ausgestopfte Fell
in der Nationalgalerie Melbourne und das Herz des
Renners ist im Nationalmuseum in Canberra zu sehen.

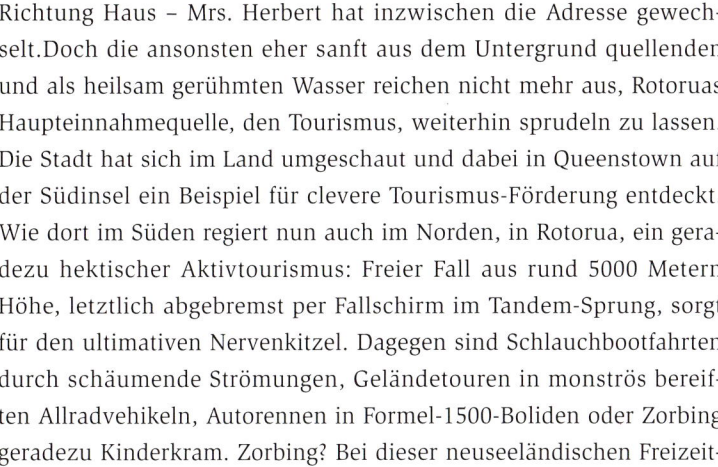

Richtung Haus – Mrs. Herbert hat inzwischen die Adresse gewech-
selt.Doch die ansonsten eher sanft aus dem Untergrund quellenden
und als heilsam gerühmten Wasser reichen nicht mehr aus, Rotoruas
Haupteinnahmequelle, den Tourismus, weiterhin sprudeln zu lassen.
Die Stadt hat sich im Land umgeschaut und dabei in Queenstown auf
der Südinsel ein Beispiel für clevere Tourismus-Förderung entdeckt.
Wie dort im Süden regiert nun auch im Norden, in Rotorua, ein geradezu hektischer Aktivtourismus: Freier Fall aus rund 5000 Metern
Höhe, letztlich abgebremst per Fallschirm im Tandem-Sprung, sorgt
für den ultimativen Nervenkitzel. Dagegen sind Schlauchbootfahrten
durch schäumende Strömungen, Geländetouren in monströs bereif-
ten Allradvehikeln, Autorennen in Formel-1500-Boliden oder Zorbing
geradezu Kinderkram. Zorbing? Bei dieser neuseeländischen Freizeit-

Erfindung nimmt der Passagier in einer mehr als mannshohen transparenten Plastikkugel Platz und rollt dann einen Hügel herab.

Rotorua preist sich aber auch – nicht zu Unrecht – als guter Standort für Touren zu den Attraktionen der benachbarten Regionen an, beispielsweise zur Bay of Plenty mit ihren viel besuchten Pazifikstränden. Der bekannteste ist Mount Maunganui, eine schmale Landzunge zwischen Ozean und Lagune, an deren Spitze der Namenspate des Ferienorts als 232 Meter hoher, erloschener Vulkan ein fotogenes Ensemble und beliebtes Wanderziel darstellt. Im Inneren der Lagune liegt der Hauptort des Gebiets, der Hafen Tauranga, der trotz seiner industriellen Umgebung bei Hochseeanglern als Ausgangspier für trophäenversprechende Angeltouren geschätzt ist.

In Neuseeland ist die Bay of Plenty aber nicht nur als Ferienland, sondern auch als fruchtbares Revier geschätzt. Das ist wörtlich zu nehmen: Hier, wo schon James Cook 1769 seine Vorräte erfolgreich auffrischen konnte und deshalb den vermarktungsfreundlichen Namen hinterließ, werden wohl mehr Kiwi-Früchte geerntet als irgendwo sonst auf der Welt. Kein Wunder, dass sich Te Puke als Kiwi-Kapitale rühmt. Und die Neuseeländer sind so stolz auf diese Erfolgsgeschichte, dass sie den braunen – inzwischen auch goldfarbenen – kleinen Vitaminbomben sogar ihren Spitznamen verliehen. Früher kümmerte die Chinesische Stachelbeere abseits der Obstplantagen kaum beachtet vor sich hin, nachdem eine neuseeländische Schuldirektorin die Samen 1904 von einem Besuch in der Missionsstation ihrer Schwester am Jangtse in China mitgebracht hatte. Es dauerte noch Jahre, bis innovative Farmer das Potenzial der haarigen Früchtchen entdeckten. Und weil mit der Zeit die ganze Welt diese Kiwis kennt, wollen Besucher auch durch die Reihen der pflückfreundlich halbhohen Buschreihen schlendern – Te Puke ist inzwischen also auch ein Touristenziel geworden.

Waiotapu, die »heiligen Wasser« der Maori (oben), ist das attraktivste Thermalgebiet bei Rotorua. Eine seiner bekanntesten Attraktionen ist der heiße stets vor sich hinperlende Champagnerpool (unten).
Nicht heiß, nur elf Meter hoch, aber umso überschäumender präsentieren sich die nicht allzu weit entfernten Huka Falls (rechts).

Seite 74/75:
Der Mount Ruapehu (2797 Meter) im Tongariro Nationalpark.

Leuchtende Unterwelt

Diese Rolle spielt die zwischen Auckland und Rotorua gelegene Nachbarregion Waikato, zumindest in Waitomo, dessen Glühwürmchen-Höhle seit 1889 Reisende aus aller Welt anzieht. Die Höhlen von Waikato, vor etwa 30 Millionen Jahren entstanden, bestehen aus zwei Ebenen. Oben beim Haupteingang geht es durch ein trockenes System aus Katakomben und Gängen, gesäumt von Stalaktiten und Stalagmiten. In der so genannten Kathedrale hat die Natur perfekte Konzertsaal-Akustik geschaffen – kein Wunder, dass Neuseelands weltberühmte Diva Kiri Te Kanawa hier schon ihre Kunst erklingen ließ.

Aber noch attraktiver wird es 16 Meter tiefer, wo ein Fluss durch den Kalkstein strömt. Beim Einsteigen in die Boote ist es noch hell

Fortsetzung Seite 78

Wohltuendes Wasser

Heiße Quellen und warme Schlammbäder

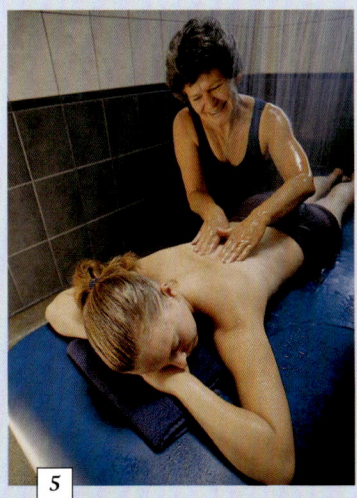

»Shaky Isles«, wackelige Inseln, nennen die Neuseeländer ihre Heimat, die genau auf der Bruchkante zwischen zwei riesigen Erdplatten liegt. Und weil sich diese Platten, die indo-australische und die pazifische, ständig gegeneinander bewegen, falten sich Bergketten wie Neuseelands Alpen auf und geraten die Inseln in Bewegung. Erdbeben sind daher die Folge. Die Kiwis sind es gewohnt, dass sie zwar häufig, aber meist nur gelinde durchgeschüttelt werden. Deshalb lernen schon die Kinder in den Schulen, wie man sich am besten verhält, wenn der Untergrund plötzlich zu wackeln beginnt. Neuseelands Geologen haben das Land zumindest entlang der Bruchkante mit Sensoren gera-

dezu gespickt. So wird jedes leichte Zittern in der Erdkruste verzeichnet. Leider haben die Wissenschaftler aber nicht nur Messdaten und Statistiken zur Hand. Sie erinnern auch pflichtgemäß daran, dass Neuseeland alle paar Jahrhunderte von einem Erdbeben der Stärke 8 oder mehr auf der Richterskala heimgesucht wird. Und ein solcher verheerender Erdstoß ist, historisch gesehen, längst überfällig. Die Bruchkante beschert dem Land aber nicht nur instabile Fundamente, sie ist auch verantwortlich dafür, dass sich an mehreren Stellen das glühend heiße Erdinnere an die Oberfläche drängt. Wo das gemächlich und mit nicht allzu hohem Druck geschieht, bilden sich heiße Quellen oder nicht minder

hoch temperierte blubbernde Schlammpools. Das gefährliche Gegenstück bilden die Vulkane, bei denen das explodierende Erdinnere wie auf der Nordinsel gewaltige Berge formt. Der gemäßigten Variante verdankt Rotorua, dass es über die Landesgrenzen hinaus als Badeort geschätzt wird. Die Maori haben die heißen Quellen in Rotorua schon lange vor Ankunft der ersten Europäer genutzt, um Leiden zu lindern oder gar nicht erst aufkommen zu lassen. Deshalb tragen diese Mineralquellen auch zu Recht den Namen Polynesian Spa. Aber bereits im 19. Jahrhundert reisten Touristen an, um Rotoruas Sehenswürdigkeiten zu bestaunen und sich dann in den Quellen genüsslich zu entspannen. So ist es auch kein

Zufall, dass eines der meistfotografierten Gebäude Neuseelands Rotoruas im Tudorstil gehaltenes ehemaliges Badehaus ist. Heute birgt das Badehaus in den Government Gardens zwar ein Kunst- und Geschichtsmuseum, aber der moderne Neubau des Polynesian Spa fand ebenso

6

Auch wenn auf der Südinsel seit Jahrhunderten keine Vulkane mehr aktiv waren, so hat die größere der Inseln dennoch ihre heißen Quellen. Die bekanntesten sind die Hanmer Springs im bergigen nördlichen Canterbury. Eine Maori-Legende erklärt, warum hier, abseits der aktiven Vulkane, heißes Wasser aus der Erde sprudelt: Nach einem Vulkanausbruch auf der Nordinsel flog ein Brocken glühender Erde bis hier auf die Südinsel. Aus Hanmer stammen in der Regel die Fotos, die für wohltuende Bäder in Neuseeland werben: Sichtlich zufriedene Badegäste entspannen sich in leicht dampfenden Freiluftpools, umgeben von schneebedeckten Gipfeln unter makellos blauem Himmel.

Platz in der weitläufigen Parkanlage. Seit einigen Jahren kann das Spa somit nicht nur die traditionellen Bäder, sondern auch neuartige Behandlungen bis hin zur achtstündigen Regeneration anbieten, stets in Räumen, die Blicke auf den See oder in die Wälder erlauben. Wer noch mehr Natur sucht, kann auch in die nahe gelegenen, von Mutter Natur selbst geschaffenen Warmwasserpools im Waikite Valley oder am Kerosene Creek eintauchen. Im Thermalgebiet von Tikitere, auch als »Hell's Gate« bekannt, entstand ein Bad für warme Schlammbäder.

Natur pur: Mineralienablagerungen bilden den bunten Rand des Champagnerpools (1).
Neuseelands hitziger Untergrund ist auf White Island besonders aktiv (3).
Auf dem Festland sorgen die unterirdischen Kräfte für eine Reihe von warmen und wohltuenden Quellen wie Rotoruas »Polynesian Spa« (2, 4 und 5).
White Island aus der Luft (6).
Neuseeland nutzt die Erdwärme auch mithilfe dicker Kraftwerksrohre (7).

Neuseeland hat nicht nur prachtvolle Strände (oben), sondern im Landesinneren einen als Weideland gut geeigneten Boden. Farmen wie die bei Hamilton (recht Seite) und Farmer wie der Landwirt bei Te Kuti (rechts) sorgen für schwarze Zahlen in der Exportbilanz.

erleuchtet, doch dann gleiten die Kähne in die Dunkelheit. Und wenn sich die Augen an die Finsternis gewöhnt haben, sehen sie, dass das hohe Höhlendach mit Tausenden winziger Lichtpunkte übersät ist. Mit ihrem stillen Leuchten locken die Glühwürmchen Insekten an. Diese bleiben dann an den bis zu 70 klebrigen Fäden hängen, die jeder Glühwurm für sich aufgehängt hat. Spürt er an der Bewegung, dass sich Beute an einem seiner etwa 20 Zentimeter langen Fäden verfangen hat, zieht er den Faden hoch und macht sich über seinen Fang her. Diese fleißig strahlende Glühwürmchenart gibt es nur in Neuseeland.

Die Waitomo-Höhle und zwei nahe gelegene weitere Touristenhöhlen gehören dem lokalen Maori-Stamm, wie auch die südlich angrenzende Region Taupo/Ruapehu zu weiten Teilen im Besitz der

Stimmungsvoll beleuchtete Höhlen wie die wegen ihrer Glühwürmchen berühmten Waitomo Cave sorgen für sprudelnde Einnahmen in der Tourismusindustrie (links).

Ureinwohner ist. Das Gebiet wurde vermutlich im 14. Jahrhundert von den Maori besiedelt. Ihren Legenden zufolge stieg damals ihr Hoher Priester auf einen der hohen Berge, vermutlich den Ruapehu, mit 2796 Metern der höchste Gipfel der Nordinsel. Weil es in der Höhe eisig kalt war, betete er verzweifelt zu den Göttern im mythischen Waikiki, ihm wärmendes Feuer zu schicken. Sie erfüllten gnädig seinen Wunsch und sandten das Feuer unter der See und dem Land hindurch. Seither sind der Ruapehu und einige seiner nur geringfügig kleineren Nachbarn aktive Vulkane.

Vor rund 26500 Jahren kam es in diesem feurigen Revier zu einem gewaltigen Ausbruch, dessen Trichter heute der Lake Taupo einnimmt, der größte Süßwassersee in Australasien. Mit dem See und den Bergriesen, die sich im Winter in eine hochgeschätzte Ski-Land-schaft verwandeln, mit drei Vulkan-Besucherzentren und mit Neuseelands längstem Fluss, dem Waikato, und seinen spektakulären Huka-Wasserfällen bietet die Inlandsregion Attraktionen in Hülle und Fülle. Entsprechend beliebt ist sie bei den einheimischen Touristen, auch die Australier kommen gerne hinüber aufs Nachbarland. Andernorts ist dieses Ferienziel weniger bekannt, verglichen mit Destinationen wie Auckland, Bay of Islands oder Rotorua, von Christchurch und den neuseeländischen Alpen auf der Südinsel ganz zu schweigen.

Zwischen den Tagen

Noch mehr gilt dies für das Eastland, jene Region, die weiter in den Osten und damit in den Pazifik ragt als jeder andere Landesteil.

Daher und weil die Internationale Datumsgrenze auf dem 180. Längengrad nicht weit weg ist, rühmt sich der Landesteil auch, als Erster auf dem neuseeländischen »Mainland« die Sonnenstrahlen eines neuen Tages zu sehen. Genauer gesagt tut dies erst der Gipfel des 1752 Meter hohen Mount Hikurangi, dann der Leuchtturm auf dem Eastcape, dessen Lichtstrahl 154 Meter über dem Meer kreist und bis zu 35 Kilometer weit zu sehen ist. Und die größte Ortschaft der Region, Gisborne, erhebt den Anspruch auf einen einzigartigen Titel,

Die UNO im Kleinen: Neuseelands
Kinder stammen aus aller Welt
(oben und rechts).
Rechte Seite: 1 Lifesavers sind wie
in Australien auch in Neuseeland
Ikonen der Strandkultur. Beim
Beach Carnival zeigen die jungen
Leute ihr Können als Lebensretter.
2 Vor dem Start eines Wettbewerbs
mit Surfboards.
3 Das Schlauchboot muss auch bei
Brandung ganz schnell beim
Ertrinkenden sein.
4 Alle Lifesaver-Teams haben
ihre Fans.
5 Startschuss zum Sprint ins Meer.
6 Wo Motorkraft fehlt, ist im
Notfall Muskelkraft angesagt.

Seite 82/83:
Morgendunst über dem Farmland
an der Tolaga Bay.

nämlich den die Stadt, die weltweit als erste die Sonne begrüßt. Dieser urbane Titel mag unbestritten sein. So war es passend, dass der neuseeländische Opern-Weltstar Kiri Te Kanawa nächtens am Strand ihres Geburtsorts Gisborne das Jahr 2000 begrüßte – ein Konzertereignis, das in 55 Länder übertragen wurde. Aber ansonsten ist die Zeitgrenze zwischen gestern und heute oft eine Auslegungssache, selbst wenn man Tricks wie den von Kiribati außer Acht lässt. Der Südsee-Inselstaat hat 1999 flugs seine Zeitgrenzen weit nach Osten verschoben, um der erste Staat auf dem Globus zu sein und mehr vom Millionen-Geschäft »Millennium« zu profitieren. Die Rechnung ging für die Insulaner allerdings nicht auf.

Aber wohin fallen die ersten Strahlen eines neuen Tages? Im Südsommer ist die Antwort eindeutig: in die Antarktis. Aber in bewohnten Gebieten beanspruchen die Chatham Islands diesen Rang für sich, eine Inselgruppe, die 860 Kilometer östlich von Christchurch einsam im Pazifik liegt und zu Neuseeland gehört. Allerdings: Es kommt auf die Perspektive an. Die Chatham-Inseln liegen zwar östlicher als jeder andere Teil Neuseelands, aber sie liegen auch östlich des 180. Längengrads. Doch die Datumsgrenze macht hier – wie an einigen anderen Stellen auch – einen Schlenker nach Osten. Damit begrüßen die Chathams als Erste den neuen Tag. Aber Neuseeland rechnet anders als sein abgelegener Vorposten. Auf dem »Mainland« gilt nämlich weiterhin der 180. Längengrad, und damit hat das Eastcape wieder das Recht des ersten Tags.

Doch das Eastland hat seinen Besuchern mehr zu bieten als seinen Frühaufsteher-Titel. An seiner Küste führt der Highway 35 entlang, eine zumindest international noch unentdeckte touristische Perle, die auch unter ihrem Werbenamen »Pacific Coast Highway« jenseits der Landesgrenzen kaum bekannt ist. Dasselbe gilt für einen sportlichen Titel: Nirgendwo in Neuseeland gibt es – pro Kopf der Bevölkerung – mehr Golfplätze. Bis auf Weiteres national konkurrenzlos ist auch die Offerte, mit Haien zu schnorcheln – in Sicherheitskäfigen, versteht sich.

Bekannter ist hingegen, dass sich bei Gisborne erstmals Maori und Europäer auf dem Land gegenüberstanden. James Cook ankerte 1769 an dieser Stelle und ließ sich an Land rudern. Es wurde kein glückliches Zusammentreffen: Sei es aufgrund eines Missverständnisses, sei es, weil die Maori wirklich Attacken planten – die einen Angriff fürchtenden Briten erschossen mehrere Maori. Cook musste wieder die Anker lichten lassen. Der Kapitän hatte frische Nahrung und Süßwasser gesucht, er segelte schließlich ohne beides davon und nannte die Bucht folglich Bay of Poverty.

Eastland ist einer der wenigen Plätze in Neuseeland, wo die Maori immer noch rund die Hälfte der Bevölkerung ausmachen und ihre Sprache nicht nur theoretisch gleichberechtigt ist. Einer der Gründe dafür ist die Tairawhiti Polytechnic, Neuseelands führende Ausbildungsstätte für zeitgenössische Maori-Kunst, die an der Schule in einer eigenen Galerie präsentiert wird. Ein Platz, für den es sich lohnt, ein paar Worte Maori zu lernen. Beispielsweise: *ka nuite pai* – sehr gut.

1

2

3

4

5

6

1

Haka, Hongi und Mana

Die Maori-Kultur ist längst Teil des Alltags

2

3

4

D ie Polynesier gehörten zu den größten Boots- bauern und Seefahrern aller Zeiten. In einfachen, aber hochseetüchtigen Auslegerkanus besiedelten sie, von Asien kommend, die meisten Inseln des Pazifiks. Etwa ab dem Jahr 1000 drangen sie auch tief in den Süden vor bis nach Neuseeland. Später gingen ihre navigatorischen Fähigkeiten allmählich verloren.

Neuseelands Polynesier nennen sich Maori; der Stamm, der die Chatham-Inseln besiedelte, wurde Moriori genannt. Nach Maori-Überlieferung gehen die Stämme (iwi) zurück auf die großen Kanus (waka), mit denen die ersten Maori kamen. Die Stämme haben zwar noch Bedeutung, wichtiger sind aber die

Großfamilien. Die Maori lebten früher in pallisadenbewehrten Dörfern (pa) zusammen, Zentren waren die mit Schnitzereien gezierten verzierten Versammlungshäuser (marae). Die Ureinwohner hatten eine Vielzahl von Göttern für bestimmte Aufgaben (wie Krieg, Ackerbau, Himmel, Meer etc.). Ihr Alltag wurde geprägt von Verboten (tapu), ihren Führern sprachen die Maori spirituelle Macht (mana) zu. Im Krieg konnte man Mana gewinnen oder verlieren, auch dies ein Grund dafür, dass die Maori-Geschichte von blutigen Stammesfehden gekennzeichnet ist.

Die Kunst der Maori ist bis heute vornehmlich durch Schnitzereien geprägt, die darstellende Kunst durch Tänze. Die Schnitzkunst diente ursprünglich dazu,

Götter und Ahnen bildlich zu machen, die beispielsweise an *marae* oder an Kanus angebracht Macht und *mana* bringen sollten. Die Augen der Figuren wurden oft mit der schillernden Schale der Paua-Muschel ausgelegt. Auch der begehrte Greenstone, eine Art

Jade, wurde zu Schmuckschnitzereien verwendet, etwa für einen stilisierten Fischhaken oder einen *tiki*, ein kleines Amulett. Tätowierungen sollten schmücken, aber auch Gegner abschrecken. Mit der weltweiten Renaissance von Tätowierungen gewinnt jetzt auch diese alte

polynesische Kunstform *moko* zunehmend an Bedeutung.

Tänze und Liedtexte spielen angesichts fehlender schriftlicher Überlieferung bei den Maori eine zentrale Rolle. In lebhaften Tanzschritten werden Handlungen bildhaft unterstrichen, wobei die Frauen eher sanfte Tänze, Männer eher kraftvolle Schrittfolgen zeigen. Frauen zelebrieren oft *poi*-Tänze, bei denen sie kleine Stoffbälle an Schnüren schleudern. Der bekannteste Männertanz ist der Haka. Ursprünglich bezeichnet das Wort jeglichen Tanz, heute versteht man darunter aber aggressive Tänze, die Gegner einschüchtern sollen. Dazu dienen auch weit herausgestreckte Zungen. Kein Tanz, aber dafür viel freundlicher ist hingegen der *hongi*, die Begrüßungszeremonie, bei der zwei Maori ihre Nasen gegeneinander drücken.

Die Maori-Stämme einigten sich 1858 auf einen gemeinsamen König, um gegenüber der britischen Krone geeinter und gleichrangig auftreten zu können. Das Maori Kingdom verstärkte auch die Rolle der Ureinwohner gegenüber den landhungrigen Siedlern aus Europa. Heute hat die Maori-Monarchie hauptsächlich eine repräsentative Funktion, die derzeitige Königin ist das sechste Oberhaupt.

Unter den rund vier Millionen Neuseeländern sind etwa 600 000 Männer und Frauen, die sich als Maori bezeichnen, wobei der Anteil reinblütiger Maori nach Ansicht der Wissenschaftler immer geringer wird. Ihre Sprache ist neben Englisch die zweite offizielle Landessprache. Dennoch ist der Anteil der Maori an den Arbeitslosen höher als im gesamten Landesdurchschnitt. Obwohl einige Maori zu Ansehen und auch Wohlstand gekommen sind (häufig über den Sport), findet man die meisten in einfachen Jobs. Ihr Bildungsniveau zu heben ist daher das erklärte Ziel fast jeder Regierung, bislang allerdings nur mit mäßigem Erfolg.

1 Einst waren die großen Kriegskanus der Maori gefürchtet. Heute sind sie nur noch zu zeremoniellen Anlässen unterwegs. – 2 Am Waitangi Day feiern einige Maori in traditioneller Kleidung. – 3 Das marae in Waitangi ist eines der schönsten Maori-Versammlungshäuser im Land. – 4 Schwarz-Weiß-Rot: die Nationalflagge der Maori. 5 Die weit herausgestreckte Zunge sollte einst Feinden Angst machen, heute gehört sie zu den Ausdrucksmitteln der Maori-Tänze. 6 Neuseelands Knirpse üben sich, ungeachtet der Hautfarbe, gerne in Maori-Posen.
Seite 86/87:
Vielfarbige Mineralablagerungen auf White Island.

Rund um die Hauptstadt

Zwischen Taranaki und Wellington lohnen viele Stopps

Es gibt wohl kaum einen in Japan spielenden Film, in dem der Fujiyama nicht eine im wahrsten Sinne des Wortes überragende Rolle spielt. So war es auch im »Letzten Samurai« mit Tom Cruise. Aber nicht überall, wo angeblich Japans heiliger Berg zu sehen ist, streckt sich tatsächlich der ebenmäßige Vulkankegel des Mount Fuji in den blauen Himmel. Hollywoods Kostenkontrolleure hatten herausgefunden, dass der Mount Egmont an Neuseelands Westküste bei geschickter Kameraposition dem fernöstlichen Symbolberg zum Verwechseln ähnlich sieht. Und weil das Filmen auf Basis neuseeländischer Dollar weitaus preiswerter ist als auf Yen-Basis, spielte das Nippon-Epos teilweise zu Füßen des Mount Taranaki.

Taranaki? Gerade in diesem Teil der Nordinsel ist das Hin und Her zwischen britischen Bezeichnungen und Maori-Sprache besonders verwirrend. Tara-

Art-Déco-Kühlerfigur eines Oldtimers (ganz oben). Wellington-Panorama: mit der Cable Car geht es zum Botanischen Garten hinauf (unten). Regierung alt und neu: Der klassizistische Portikus des einstigen Parlaments (oben) und der »Bienenkorb« genannte Neubau (rechte Seite).

naki ist der Maori-Name für den ebenmäßigen Bergkegel, der mit 2518 Metern Höhe das Land weithin überragt. Die Region heißt Taranaki, die Landspitze, die von dem schlafenden Vulkan in der Tasmanischen See gebildet wurde, trägt den Namen Cape Egmont. Auch der Nationalpark rings um den Gipfel trägt den Namen Egmont, wenngleich die großen Buchten beiderseits der Halbinsel North und South Taranaki Bight genannt werden.

Doch das Wahrzeichen der Region trägt noch eine weitere Bezeichnung – »meist bestiegener Berg Neuseelands«. Er scheint auch leicht zu bezwingen zu sein, aber oft trügt dieser Eindruck, denn das Wetter ändert sich sehr schnell. Taranaki ist eines der regenreichsten Gebiete Neuseelands, weil die Regenwolken an den hohen Flanken oft festhängen und sich ausregnen. Das summiert sich zu rund 7000 Millimeter Niederschlag im Jahr. Der Berg ist deshalb oft in Wolken gehüllt, was es tückisch macht, den losen Lavahalden oder den Spalten im Eis auszuweichen. Am Berg kann es selbst in den Sommermonaten jederzeit zu heftigen Schneefällen kommen,

Äpfel & mehr: Die Hawke's Bay ist eine der bekanntesten Obstregionen der Inseln (rechts). In der Nähe liegt das Weinbaugebiet von Martinborough mit vielen kleinen »Wineries« wie dem Vynfield Estate (unten).

Küste fliehen. Und die regenschweren Wolken, die ihn nun meist einhüllen, sind, so glauben die Maori, die Tränen um Pihanga.

Nicht alle Gebiete rings um den Berg werden gleichermaßen von Regen getränkt. Die größte Stadt der Region, New Plymouth, hat nur etwa 1500 Millimeter Niederschlag pro Jahr. Die etwa 50 000 Einwohner leben gut von dem Vulkan, der vor fast vier Jahrhunderten zum vorerst letzten Mal ausbrach. Er sorgte für die fruchtbare Vulkanerde, die eine ertragreiche Landwirtschaft beschert, aber auch für den blühenden Tourismus, wenngleich das Gebiet bei ausländischen Besuchern kaum bekannt ist. Doch die Neuseeländer schätzen die herrlichen Strände und die vorzüglichen Möglichkeiten für Surfer und Windsurfer, vor allem in Oakura und Fitzroy Beach. Die knapp 150 Kilometer lange Küstenstraße trägt daher auch den Namen Surf Highway.

New Plymouth genießt aber auch das Renommee, eines der lebendigsten Kunstmuseen außerhalb der Großstädte Neuseelands zu pflegen: Wer sich über aktuelle – und nicht immer meinungskonforme – Tendenzen in der Kunstszene des Inselstaats informieren will, ist in der Gewett-Brewster Art Gallery am rechten Ort. Der traditionellen Maori-Kunst ist hingegen das Museum Puke Ariki verpflichtet. New Plymouth, Mitte des 19. Jahrhunderts die Stätte heftiger Kriege zwischen der britischen Verwaltung und den Maori um den Landbesitz, hegt aber auch seine Historie. Davon zeugt ein »Heritage Walkway«, ein geschichtlich inspirierter Spaziergang, zu dessen Stationen auch St. Mary's Church gehört, die älteste steinerne Kirche Neuseelands. Auf ihrem Friedhof sind nicht nur viele der ersten Siedler begraben, sondern auch einige der im Krieg gefallenen Maori,

und so ist es nicht verwunderlich, dass der Mount Egmont schon mehr als 60 Todesopfer gefordert hat.

Dass dieser auffällige Gipfel für die Maori eine besondere spirituelle Bedeutung hatte, überrascht nicht. Am Berg haben sie früher ihre toten Führer bestattet, dort haben sie auch Zuflucht gesucht vor anrückenden Feinden. Natürlich ranken sich auch Legenden um den Taranaki. Er soll beispielsweise früher mit den anderen Vulkanen von Tongariro zusammengestanden haben. Weil der Taranaki aber ein heimliches Verhältnis mit dem Vulkan Pihanga, der Geliebten des Tongariro, hatte, musste der Taranaki vor Tongariros Zorn bis an die

deren Tapferkeit und Kampfesmut den britischen Kommandeuren imponiert hatte.

Die freundliche Dame im örtlichen Informationsbüro der Umweltbehörde (DOC) hatte einen guten Tipp parat: »Wenn Sie ein wenig Zeit haben, fahren Sie doch den Heritage Trail zwischen Stratford und Taumarunui entlang« und gab uns das passende Faltblatt zur Route. Sie führt rund 150 Kilometer lang tief ins Landesinnere und geleitet zu verschiedenen historischen Stätten, zu einstigen Maori-Festungen, zu aufgelassenen Kohlebergwerken und zu verschiedenen kleinen Museen. Aber die schmale kurvenreiche Straße

Map Labels

North
Taranaki
Bight

South
Taranaki
Bight

Eight Mile
Junction

Whahamaru

Atiamuri

Waiotapu
Wai-O-Tapu
Thermal
Wonderlands

UREWERA
NATIONAL
PARK

Awakino

Ongarue

Wairakei

Taupo
Huka Falls

Lake Waikareiti

Lake
Waikaremoana

Waitara

New Plymouth

Inglewood

Tatu

Taumarunui
Manunui

Lake
Taupo

Hatepe

Mt. Egmont
(Taranaki)
2517

Stratford

Whangamomona

Mt. Tongariro
1968 ▲

TONGARIRO NAT.PARK

Mt. Ngauruhoe
2290

Turangi

Tarawera

MT. EGMONT
NATIONAL
PARK

Opunake

Hawera

Mt. Ruapehu
2796

Whirinaki

Napier

Raetihi

Ohakune

Waiouru

Hastings

Cape
Kidnappers

Patea

Kakahahi

Utiku

RUAHINE
STATE
FOREST
PARK

Rangitikei Range

Wanganui

Waipukurau

Ruahine Range

Bulls

Dannevirke

Palmerston North

Woodville

Wimbledon

Cape Turnagain

Levin

Alfredton

Tararua Range

NORDINSEL

Waikanae

TARARUA
STATE
FOREST
PARK

Tinui

Castlepoint

Paraparaumu

Masterton

Johnsonville

Featherston

Lake Wairapapa

Wellington

Marlborough
Sounds

Cook Strait

Palliser
Bay

Cape Palliser

0   25 km

N

*Holz und Beton: In Wellington stoßen die Baustile
verschiedener Epochen aufeinander (ganz oben).
Cappucino & Käse: Das Chocolate Fish Cafe in Wellington
präsentiert sich nicht nur kulinarisch locker (oben). –
Castle Point an der Südostküste der Nordinsel ist einer
der bekanntesten Leuchttürme des Landes (links).*

erschließt auch eine abwechslungsreiche Landschaft mit weiten Ausblicken, Wasserfällen und sattgrünen Weiden, auf denen wie im Bilderbuch weiße Schafe grasen – eine sehenswerte Strecke, die scheinbar nur einheimische Touristen kennen. Wir trafen an diesem sonnigen Tag nur zwei, drei Hand voll reisender Kiwis.

Nicht minder ländlich-bukolisch und offensichtlich ebenso beiseite gelassen von ausländischen Touristen ist die sich südlich anschließende Doppelregion Wanganui-Manawatu. Zumindest für Wanganui überrascht dies, denn der Fluss Whanganui (nach Maori-Art geschrieben) und sein reizvolles Tal zogen schon vor 100 Jahren Tausende von Besuchern an. Damals warben die Neuseeländer für den »Rhein des Maori-Landes«.

Heute ist der obere Teil des Flusses Namenspate und Hauptattraktion des Whanganui National Parks, eines beliebten Reviers für Wanderer, Kanuten und leider motorlärmende Jetboat-Enthusiasten. Der 329 Kilometer lange Whanganui River ist Neuseelands längster schiffbarer Fluss und war deshalb sowohl für die ersten Maori wie auch für die europäischen Siedler von großer Bedeutung, denn durch die dichten Urwälder konnte man damals nur schwer ins Landesinnere vorstoßen. Die langen Fahrten im Kanu machten die Reise immer noch beschwerlich genug. Erst als Schaufelraddampfer zerlegt aus England herbeitransportiert bequemere und effizientere Transporte erschlossen, ging es kleinen Orten mit großen Vorbildern wie Atene, Korinti oder Jerusalem besser.

Die »Waimarie«, ein Raddampfer aus dem Jahr 1900, erinnert im Whanganui Riverboat Centre an diese Zeit. Bis 1952 stampfte der schwimmende Lastesel stromauf und stromab, dann sank er an seinem Liegeplatz in der Stadt Wanganui. Vier Jahrzehnte blieb das Schiff samt seinen letzten Kohlevorräten unter Wasser, dann wurde es gehoben und restauriert. Seither ist es neben dem Regionalmuseum mit seiner sehenswerten Maori-Sammlung und dem Durie Hill jenseits der Brücke die bekannteste Sehenswürdigkeit der lebendigen 40 000-Einwohner-Kommune an der lang gezogenen Flussmündung. Der Durie Hill ist eine kleine technische Attraktion: Durch einen Tunnel am Fuß des Hügels erreicht man einen Aufzug, der seine Passagiere auf die 65 Meter hohe Kuppe und damit zu einem schönen Aussichtspunkt trägt.

Manawatu, der südliche und überwiegend landwirtschaftlich geprägte Teil der Doppelregion, zieht dank der Manawatu Gorge Naturfreunde aus dem ganzen Land an. Der Wanderweg durch die enge Schlucht, für den man etwa drei bis vier Stunden braucht, liegt nur 15 Kilometer von der größten Stadt des Gebiets, Palmerston North, entfernt. Viele Besucher verbinden die Wanderung mit einem Besuch des Rosengartens in der parkähnlichen Esplanade am Ufer des Manawatu River; er wurde 2003 bei einer internationalen Umfrage als einer der fünf schönsten Gärten weltweit genannt.

Neuseeländische Besucher haben Palmerston North aber auch auf ihrer Reiseliste, weil die fast 70 000 Bewohner zählende Stadt ein

Mekka für den Lieblingssport der Kiwis ist. Im New Zealand Rugby Museum werden alle historischen und gegenwärtigen Aspekte dieses kraftvollen Mannschaftssports mit gebührender Aufmerksamkeit behandelt, von der fast weihevollen Würdigung der »All Blacks«, des Nationalteams, bis zu den Rugbyzwergen, die sich bisweilen schon in Kindergärten, spätestens aber in den Grundschulen beobachten lassen. Und da in Palmerston North überdies die zweitgrößte Universität des Landes zu Hause ist, fehlt es auch nicht an Restaurants, Musikkneipen und Cafés.

Im Land edler Tropfen

Während Wanganui und Manawatu vornehmlich in Richtung Westen und zur Tasman Sea ausgerichtet sind, blickt die benachbarte Region Hawkes Bay nach Osten: Am Pazifik liegen nicht nur einige der beliebtesten Strände der Nordinsel, sondern auch die Art-déco-Stadt Napier und die berühmte Basstölpelkolonie am Cape Kidnappers. In der sonnenreichen Region Hawkes Bay (die Bucht selbst heißt aus unerklärlichen Gründen nur Hawke Bay) etablierte sich 1851 das erste kommerzielle Weingut Neuseelands, die Mission Estate Winery.

Seither sind mehr als 25 hinzugekommen. Die Winzervereinigung der Hawkes Bay hat einen kleinen Führer herausgegeben, der alle für Besucher offenen Weingüter vorstellt. Sie gruppieren sich vornehmlich um die Städte Napier, Hastings und Havelock North. Viele

Wellingtons schicke Holzhausarchitektur mit hervorragendem Ausblick: Die Natur erzwingt den Hausbau am Hang (ganz oben). Kleine Pause im Zentrum (Mitte) Boutique mit Kleid von Zambesi, Neuseelands Weltmodemarke (links).

Dem Neuaufbau nach einem Erdbeben verdankt Napier seinen Art-Déco-Ruhm. Sehenswerte Beispiele sind die Halle des Rothmann Building (unten) *und das Telegraph Building* (rechts). *Seite 100/101: Der Mount Taranaki, auch Mount Egmont genannt (2518 Meter).*

Rechte Seite: Beim Art-Déco-Weekend am dritten Februar-Wochenende putzt sich fast ganz Napier im Stil der dreißiger Jahre heraus: Mütter und ihre Kinder, der örtliche Weltenbummler, der Teenager mit Federboa, der Lichtbildner mit Plattenkamera, die Passagiere beim Oldtimer-Corso und selbstverständlich die sportiv gewandete Croquet-Runde.

Winzerhöfe haben auch Restaurants, einige bieten zudem Konzerte oder andere kulturelle Veranstaltungen an. Auf den meisten Weinbergen an der Bay reifen Chardonnay-Trauben, doch seit der Sauvignon Blanc von der Südinsel viele internationale Preise erhalten hat und eine entsprechende Export-Nachfrage findet, wird auch diese Traubenart vermehrt angebaut.

Am Südende dieser von Fruchtbarkeit gesegneten Bucht können die Besucher ein seltenes Naturschauspiel erleben, zumindest von Anfang Oktober bis Mitte oder Ende März. Dann nisten am Cape Kidnappers mehrere Kolonien von Basstölpeln. Normalerweise brüten diese eleganten Flieger, die am Boden tölpelhaft-putzig einherwandern, fernab von Menschen auf einsamen Inseln oder Felsen im Meer. An dieser Landspitze kann man den hier Gannets genannten Seevögeln bis auf wenige Zentimeter nahe kommen. Nur ein Seil in Knöchelhöhe trennt die eifrig fotografierenden Touristen von den passionierten Langstreckenfliegern, die auf eine Flügelspannweite von rund zwei Metern kommen.

Genüsslich bis nach Wellington

Südlich der Hawkes Bay schwingt sich die bislang meist küstennahe Nationalstraße 2 tief ins Hinterland, zum Pazifik führen dann nur noch einige Stichstraßen, die in Ocean Beach, Maimarama oder Kairakau Beach enden – Strände, die vornehmlich von Einheimischen genutzt werden. Für Fremde gibt es meist nur einen Grund, noch weiter südlich vorzudringen: ein Erinnerungsfoto an einem Ortsschild. Es ist so breit, dass sich selbst etwas beleibtere Zeitgenossen vor ihm recht schmal vorkommen. Der Ort heißt nämlich Taumatawhakatangihangakoauauotamateaturipukakapikimaungahoronukupokaiwhenuakitanatahu. Das ist zwar bereits eine verkürzte Form des Originalnamens, aber das reicht, trotz einiger abweichender Schreibweisen, für den Titel des längsten Ortsnamens der Welt. Mit dieser – bereits im ersten Kapitel erwähnten – Buchstabenkaskade können selbst die Waliser im Südwesten Großbritanniens nicht mithalten, die aber immerhin den Europameister auf ihrer Landkarte feiern können.

Auf der Weiterfahrt in Richtung Wellington verläuft die Nationalstraße 2 ziemlich genau in der Inselmitte und bildet so auch quasi das »Rückgrad« der Region Wairarapa. Sie verdankt ihren Namen einem großen, aber touristisch kaum genutzten See. Generell ist dieses Gebiet einschließlich des wildromantischen Küstenabschnitts rund um Cape Palliser trotz einer großen Seehund-Kolonie bestenfalls bei Wochenendurlaubern aus Wellington bekannt. An der Hauptstraße lohnt sich aber ein Stopp beim National Wildlife Centre in Bruce, nördlich von Masterton. Das Zentrum für Neuseelands einheimische Tierwelt zeigt auch bedrohte Tierarten, die sonst nur selten zu sehen sind.

Die kleine Hauptstadt der Region, Masterton, macht jedes Jahr pünktlich gegen Ende des Südsommers Schlagzeilen, die selbst im großstädtischen Auckland mit Interesse verfolgt werden: In der ers-

Fortsetzung Seite 100

Weinkultur als neuer Lebensstil

Gute Kreszenzen sind »big business«

In älteren Reiseführern liest man, die Neuseeländer gehörten weltweit zur Spitzengruppe der Biertrinker. Das war damals richtig, und auch heute rinnt noch mächtig viel Gerstensaft durch Kiwi-Kehlen. Bier ist überdies ein wichtiges Exportgut, neuseeländisches Steinlager wird vielerorts im Südpazifik ausgeschenkt.

Aber das öffentliche Interesse hat sich seit einigen Jahren deutlich zum Wein hin verlagert. Selbst in kleineren Städten entstanden in den letzten Jahren winebars. Keine größere Zeitung kommt ohne Weinkolumnen aus, und Weinproben sind inzwischen gesellschaftliche Ereignisse. Auch die Regierung schaut wohlgefällig auf die Entwick-

lung, erweist sich der Wein doch als fleißiger Devisenbringer: Der Exportumsatz stieg von 1995 bis 2005 um das mehr als Zehnfache, von rund 41 auf 435 Millionen Dollar. Zugleich vergrößerte sich die Anbaufläche von 7500 auf rund 22 500 Hektar und die Zahl der Weingüter von 204 auf 516 – eine Momentaufnahme, denn im Schnitt eröffnet alle zwei Wochen ein neues Weingut seine Pforten. Gut 300 dieser Wineries exportieren ihre Produkte auch.

Der Erfolg im eigenen Land wie auf dem Weltmarkt wäre wohl nicht geglückt, wenn Neuseelands Winzer nicht die Qualität ihrer Kreszenzen erheblich gesteigert hätten. Heute gelten manche Weißweinlagen als Welt-

klasse. Das gilt insbesondere für den Sauvignon Blanc aus der Weinbauregion bei den Marlborough Sounds – »Cloudy Bay« steht mittlerweile auf den Getränkekarten der Gourmettempel aller Erdteile. Aber auch Neuseelands Chardonnay-Weine genießen einen vorzüglichen Ruf.

Neben Marlborough auf der Südinsel ist auch die auf Chardonnay spezialisierte Hawke's Bay auf der Nordinsel ein Anbaugebiet für Premiumweine. Insgesamt hat das Land zehn größere Weinregionen, von Northland mit seinen subtropischen Temperaturen bis Central Otago im kühlen Süden. Dort befindet sich das südlichste Weingut der Welt, Sam Neills »Two Paddocks«. Neill ist ein in

Hollywood gefragter Schauspieler, sein Partner der Hollywood-Regisseur Rodger Donaldson.

Dass die Gründerväter Neuseelands – zumindest unbewusst – einen guten Weinverstand besaßen, beweist die Tatsache, dass die drei größten Städte des Landes, Auckland, Wellington

6

7

8

5

und Christchurch, heute in aktiven Weinbauregionen liegen. Neuseelands einzige Millionenstadt, Auckland, kann beispielsweise mit rund 80 Weingütern in der Umgebung aufwarten. Die Mehrzahl hat auch Probierstuben eingerichtet, einige Winzer erklären Weinnovizen überdies die Unterschiede verschiedener Traubensorten und Keltermethoden.

Kein Wunder, dass Bustouren und Wanderungen zu Weinproben auf den Winzerhöfen mittlerweile zu den beliebtesten touristischen Angeboten der Metropole gehören. Unterwegs erfahren die Teilnehmer auch, dass schon die frühen Siedler um 1819 unweit der Stadt im Henderson Valley Wein anbauten. Richtig in Schwung kam das Gewerbe allerdings erst in den 1930er-Jahren, als jugoslawische Einwanderer den Weinbau professionalisierten.

Wie überall im Land steht der – im kühleren Klima gut gedeihende – Weißwein im Vordergrund. Aber angesichts der weltweit wachsenden Nachfrage nach Rotwein versuchen sich immer mehr Kiwi-Winzer auch auf diesem Feld, oft mit gutem Erfolg. So gewann Neuseeland in einem Vergleich mit Australien und Südafrika den Titel des besten Shiraz – jener Rotweinsorte, die in Australien als die »Wein-Signatur« des Kontinents gilt. Da gab es selbst vom »Sydney Morning Herald« Applaus. Beifall von den ewigen Rivalen in Australien – ehrlicher kann Lob nicht sein.

1 Das Weinzentrum in Martinborough bietet eine Gaumentour durch die Gewächse der Gegend. 2 Einkehr im Highfield Estate in Blenheim. – 3 Unter Vogelschutznetzen reifen bei Margrain in Martinborough die Trauben der Lese entgegen. – 4 Fasslager nach guter alter Art bei Te Mata Estate in Napier. – 5 Der Winzer macht im Weingut Murdoch James in Martinborough ein Fass auf. 6 Kostprobe bei Mudhouse Wines in Blenheim. – 7 Stilvolles Ambiente im Vynfield Estate in Martinborough. – 8 Selten findet man Weinberge, die direkt am Meer liegen wie dieser bei Kaikoura.

In der Luft sehen sie noch elegant aus, aber ihre polternden Landungen haben den Tölpeln zu ihrem Namen verholfen (rechts). Am Cape Kidnappers haben sich die ansonsten meist unzugänglich brütenden Basstölpel gut sichtbare Kolonien eingerichtet (unten). An einen der Nistplätze darf man ganz nahe heran (rechts). Auch der Leuchtturm von Cape Palliser bei Martinborough lockt die Tierfreunde, denn dort gibt es Neuseelands größte Pelzrobben-Kolonie (rechts unten).

ten Märzwoche kämpfen hier die besten und schnellsten Schafscherer um die Golden Shears, die gleichbedeutend sind mit der nationalen Meisterschaft in dieser typisch neuseeländischen Sportart. Danach fällt der Ort wieder zurück an die Einheimischen, denn die Urlauber quartieren sich, wenn sie überhaupt noch einmal Halt machen vor der Hauptstadt, andernorts ein. Greytown steht seit einigen Jahren hoch im Kurs, und das nicht nur, weil dort mit dem »Greytown Hotel« das angeblich älteste Pub des Landes für frisches Bier oder Proben des regionalen Weins sorgt. Der Ort, der als erster geplant im Inland entstand, präsentiert sich mit gut erhaltenen viktorianischen Bauten und mit dem pastellfarbenen kleinen »White Swan Hotel«, auf dessen Veranda die Zeit höchst angenehm verstreicht. Die Alternative, der hübsche Weinort Martinborough, liegt etwas abseits der Hauptroute. Das bedeutet aber nicht, dass es dort ländlich ver-

schlafen zugeht, zumindest nicht am Wochenende, wenn sich dort die Schönen und Reichen von Wellington tummeln. Für diese Tage ist auch eine Vorausbuchung empfehlenswert.

Auf streckenweise kurvenreichem Kurs und durch dichte Wälder erreicht die Nationalstraße 2 schließlich das Tal des Hutt River, wo die Natur dem üppig wachsenden Wellington Platz machen musste: Upper Hutt und Lower Hutt sind längst Vororte der Kapitale. Das bedeutet, dass die Straße, in die hier auch der verkehrsreiche Highway 1 von Auckland einmündet, allmorgendlich und allabendlich mit veritablen Verkehrsstaus zu Stop-and-go zwingt. Glücklicherweise bestätigt Wellington nicht, was hier mancher Besucher befürchtet: Die Hauptstadt ist trotz ihrer Quirligkeit kein Großstadtmoloch. Die 220 000-Einwohner-Stadt präsentiert sich entspannt. »Kein Wunder bei diesen Heerscharen von Beamten, die sich an unseren Steuern mästen«, grum-

Seite 102/103:
Blick vom Te Mata Peak
(400 Meter) zur Küste
der Hawke Bay.

Seite 106/107:
Neuseelands Hauptstadt
Wellington im Abendlicht.

1

Filmreife Schauplätze

Ressigeure »on location«

2

3

4

5

King Kong als offizielles Zahlungsmittel? Neuseelands Dollar und Hollywood machen es möglich. Nachdem Regisseur Peter Jackson, Neuseeländer und Oscar-Gewinner, beschlossen hatte, eine neue Version von »King Kong« in seinem Heimatland zu drehen, war die staatliche Münze zur Stelle: Das 1-Dollar-Stück erfreut seither Münzsammler und Fans des Affen gleichermaßen.

Das verliebte Monster war nicht der erste Kintopp-Held, der es auf Kiwi-Münzen schaffte. Zuvor hatte Jackson den Weltbestseller »Der Herr der Ringe« in drei Folgen verfilmt und damit Millionenerfolge erzielt, gleichermaßen gemessen an der Zahl der Kinobesucher und

DVD-Käufer wie an der Summe, die sich in den Kassen der Macher sammelte. Die Nationalbank reagierte mit ganzen Münzsätzen in Gold, Silber und ordinärem Metall, selbst eine normalerweise nicht gebräuchliche 10-Dollar-Münze sorgte 2003 für angenehmes Geklimper in der Staatskasse. Damals war auch die staatliche Tourismusorganisation schnell: Sie propagiert seither Touren zu den diversen Drehorten der Fantasy-Saga, ein Hit bei Touristen aus aller Welt. Kein Wunder, dass Air New Zealand einen Interkontinental-Jet mit Hobbits & Co. dekorieren ließ. Neuseelands Leinwandruhm, fokussiert auf den Punkt gebracht im neuen Spitznamen »Zealywood«, kam für die Experten

nicht überraschend. Zum einen bieten die Inseln landschaftlich eine enorme Vielfalt und an zahlreichen Stellen eine nahezu atemberaubende Schönheit, zum anderen lassen sich Filme dort billiger produzieren als in Kalifornien. Das gleicht die nicht immer stabile Wetterlage aus. Hinzu kommt, dass Neuseeland eine lange Tradition als Filmland hat und damit für die Dreharbeiten auch Fachkräfte zur Verfügung stehen. Nicht minder wichtig: Die Kiwis haben eine vorzügliche Infrastruktur.

Der erste neuseeländische Film entstand bereits 1898, der erste Spielfilm 1914. Aber es sollte noch bis 1977 dauern, ehe ein in Neuseeland entstandener Streifen auch in den amerikanischen

Kinos lief: »Sleeping Dogs«, ein Politthriller, der mit Sam Neill einen Kiwi zu einem internationalen Filmstar machte. Regisseur Roger Donaldson ließ seinen Film in Neuseeland spielen, und auch sein Regiekollege Geoff Murphy bewies mit seinem Roadmovie »Goodbye Pork Pie«, dass in Neuseeland spielende Filme die Kinos in Übersee füllen können. Murphy drehte noch zwei weitere Streifen, die in Neuseelands Filmgeschichte eingingen: »Utu« über die Kriege mit den Maori im 19. Jahrhundert und »The Quiet Earth« über drei Überlebende einer Apokalypse. Murphy wurde mit attraktiven Angeboten nach Hollywood gelockt und hat nicht mehr in Neuseeland gearbeitet.

8

6

7

flügeln können, bleibt abzuwarten. Dessen dritte Folge, »Die Rückkehr des Königs«, war 2004 in elf Kategorien nominiert. Noch bemerkenswerter: Der Film räumte in allen elf Rubriken ab.

1 Hobbit-Touren (»Der Herr der Ringe«) beginnen bei Matamata. 2 »Whale Rider« spielte in Wharanga. Das Motiv des auf einem Wal reitenden Kindes stammt aus der Mythologie der Ureinwohner (3). 4 »Das Piano« wurde am Karekare Beach nördlich Auckland gedreht. 5 »Herr der Ringe«-Szene vor dem Massiv der Remarkables bei Queenstown. – 6 »Die letzte Kriegerin«: brutales Drama um den Untergang der Maori-Kultur. – 7 Der Routeburn Forest: Elbenwald im Auenwald der Hobbits. – 8 Häufig ausgebucht: Jetboat-Touren von Glenorcy aus auf dem Dart River zu Herr-der-Ringe-Locations.

Ähnlich war es mit Jane Campion, die 1993 mit »Das Piano« einen weltweit gefeierten Film machte, der 1994 bei der Oscarverleihung prämiert wurde. »Das Piano« wurde gleich mit drei Oscars belohnt – für die beste Hauptdarstellerin, für die beste Schauspielerin in einer Nebenrolle und für das beste Drehbuch. 1994 gelang auch Lee Tamahori mit »Once Were Warriors« ein Film, der jenseits der Landesgrenzen hohe Anerkennung fand.

Eine Überraschung war 2002 der nach einem Kinderbuch gedrehte Maori-Film »Whale Rider« von Regisseurin Niki Caro. Die Hauptdarstellerin Keisha Castle-Hughes war mit 13 Jahren die jüngste Person, die je für einen Oscar nominiert wurde. Keine Überraschung war hingegen der Erfolg der Verfilmung der siebenteiligen »Chroniken von Narnia«. Schon der erste Teil, »Der König von Narnia«, war ein Kassenknüller. Ob die Narnia-Filme aber den »Herrn der Ringe« über-

Engländer, Schotten und andere Kiwis

Die Ostküste der Südinsel wirbt mit »Old World Charm«

Wenn sich die »Kaitaki« nach Überquerung der Cook Strait bei der Whekenui Bay langsam in das Gewirr der Marlborough Sounds einfädelt, sind alle Passagiere glücklich. Einige strahlen, weil die Schaukelei des Schiffes in der rauen oft stürmischen Cook Strait zu Ende ist. Andere freuen sich auf den letzten Teil der Reise, der diese Überfahrt zu einer der schönsten Fährpassagen der Welt macht. Nun nämlich gleitet das größte Schiff der Interisland-Flotte durch die stillen Arme des Queen Charlotte Sounds, flankiert von Inseln mit dichten Wäldern und zahlreichen kleinen Buchten. Hin und wieder unterbrechen die Schreie der Seevögel die Ruhe, und an der Reling herrscht hektische Bewegung, wenn Delfine oder Robben erspäht werden. So wird manch einer, der sich auf der offenen See noch grüngesichtig an Land zurücksehnte, es jetzt bedauern, dass der Hafen von Picton immer näher kommt.

In der Weinregion Blenheim, der größten des Landes, werden einige der besten Weine Neuseelands gekeltert (oben).
Der Leuchtturm von Akaroa zeigt noch das Verspielte früherer Zeiten (rechts).
Wie gut sich Historisches und Modernes kontrastierend ergänzen können, zeigt vor der Kathedrale von Christchurch die Skulptur »Metal Chalice« von Neil Dawson, die zum Jahreswechsel 2000 aufgestellt wurde (rechte Seite).

Die kleine Stadt ist seit 1899 der wichtigste Fährhafen der Südinsel, seit 1962 rollen hier nicht nur die Autos, sondern auch Eisenbahnwaggons vom Schiff. Viele Touristen fahren gleich weiter – ein Fehler, denn Picton ist ein vorzüglicher Ausgangspunkt für Touren in die Marlborough Sounds, sei es mit dem Auto, auf Wanderschuhen, in kleinen Motorbooten oder gemieteten Kajaks. Eine Besonderheit sind die Mail Runs, bei denen die einsam gelegenen Häuser entlang der verwinkelten Küsten ihre Post zugestellt bekommen. Die Skipper in Picton und im benachbarten Havelock, das für seine Muschelfarmen bekannt ist, nehmen dabei gerne zahlende Passagiere mit. Bei solchen Touren erschließt sich nicht nur die Schönheit der Marlborough Sounds, sondern es zeigen sich auch ihre nautischen Vorteile. Es ist kein Zufall, dass James Cook auf seinen drei pazifischen Entdeckungsfahrten hier insgesamt mehr als 100 Tage verbrachte. Seine sehr positiven Berichte führten dazu, dass sich bald Walfänger in die für sie verheißungsvolle Region aufmachten; Pictons Museum erzählt

von dieser einträglichen Epoche. Die Stadt wartet aber auch mit weiteren geschichtlichen Zeugnissen auf: mit historischen Schiffen wie es sich für eine Hafenstadt gehört. Erwähnt sei die gut 100 Jahre alte »Echo«, die einst unermüdlich Waren über die Cook Strait trug und 1960 als »verrücktestes Schiff der Armee« mit Jack Lemmon als Kommandanten sogar zu Hollywood-Ruhm kam.

Wer den Hafen in Richtung Süden verlässt, erreicht bald Pictons alten Rivalen, die Provinzhauptstadt Blenheim. »Sunshine Capital« nennt sie sich, seit sie 1972 mit 2686 Sonnenstunden einen nationalen Rekord aufstellte. Die segensreiche Einwirkung unseres Zentralgestirns sorgt dafür, dass in der Provinz Marlborough die Trauben besonders gut gedeihen. So werden hier einige der besten Weine Neuseelands gekeltert, im größten Weinbaugebiet des Landes. Das hat sowohl touristische wie auch kulinarische Folgen: Viele Weingüter laden Besucher zu Kostproben ein, die Restaurants mischen nun mit in der Kategorie »feine Küche«. Im Weirau Valley entstand daraus sogar eine 34 Kilometer lange »Vineyard Tour« – wegen häufiger Polizeikontrollen ist es empfehlenswert, sich hier ein Auto mit Fahrer zu mieten oder das Weingebiet auf einer organisierten Tour kennen zu lernen.

Der Highway 1 verläuft in Richtung Süden parallel zur Küste,

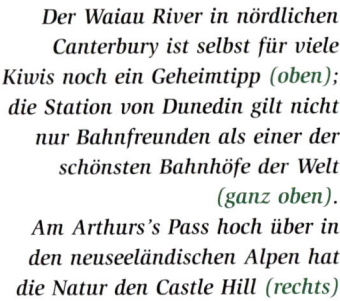

Der Waiau River in nördlichen Canterbury ist selbst für viele Kiwis noch ein Geheimtipp (oben); die Station von Dunedin gilt nicht nur Bahnfreunden als einer der schönsten Bahnhöfe der Welt (ganz oben).
Am Arthurs's Pass hoch über in den neuseeländischen Alpen hat die Natur den Castle Hill (rechts) wie eine Festung geformt.

beim Wegweiser nach Kaikoura lohnt sich ein Abstecher ans Meer. Vor der kleinen Halbinsel treffen warme und kalte Meeresströme zusammen, dadurch gibt es viel Nahrung für Seevögel und Meeressäuger. So haben die Besucher bei Walbeobachtungstouren gute Chancen, Pottwale, Orcas oder Delfine zu sehen, von Albatrossen und anderen Meeresvögeln ganz zu schweigen. Aber auch zu Lande bieten die Kleinstadt und ihr Umland einiges, von einer herrlichen Lage zu Füßen 2600 Meter hoher, oft schneebedeckter Berge bis zu den begehrten Langusten, die in den Restaurants schmackhaft zubereitet werden.

Der – nur selten autobahnartig ausgebaute – Highway erreicht bald die Canterbury Plains und muss immer wieder breite Flussbetten überqueren. Im Frühjahr, wenn der Schnee auf der Alpenkette im Hintergrund schmilzt, tragen die ansonsten schmalen Wasserläufe reißend Felsen und Geröll in die Ebene. So entstand das flache grüne Land, das dank seiner zarten Lämmer bei Feinschmeckern in aller Welt bestens bekannt ist.

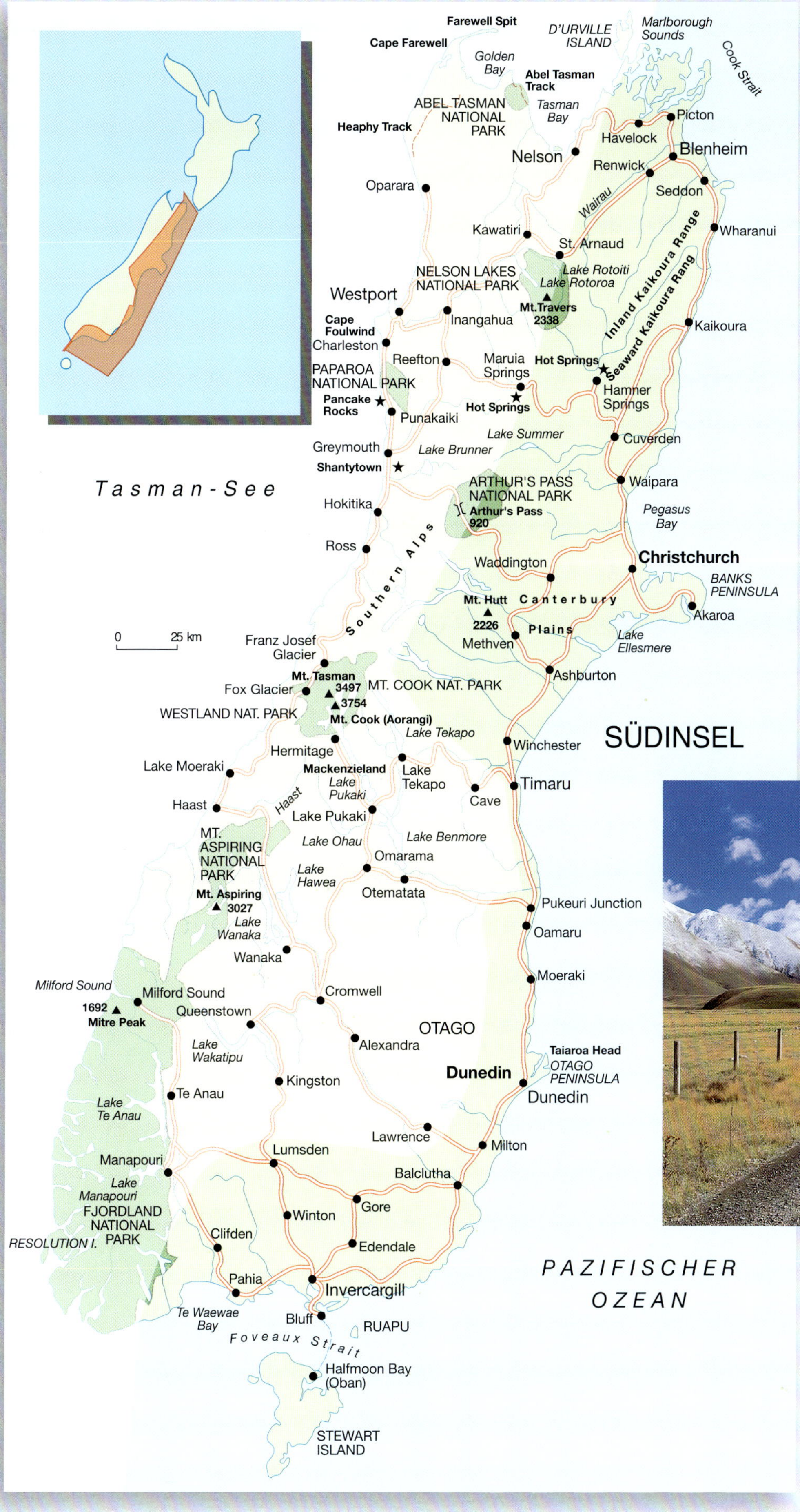

Farewell Spit
Cape Farewell
D'URVILLE ISLAND
Marlborough Sounds
Cook Strait
Golden Bay
Abel Tasman Track
ABEL TASMAN NATIONAL PARK
Tasman Bay
Heaphy Track
Picton
Havelock
Nelson
Renwick
Blenheim
Oparara
Seddon
Kawatiri
St. Arnaud
Wairau
Wharanui
NELSON LAKES NATIONAL PARK
Lake Rotoiti
Lake Rotoroa
Inland Kaikoura Range
Seaward Kaikoura Rang
Westport
Mt. Travers 2338
Cape Foulwind
Inangahua
Kaikoura
Charleston
Reefton
Maruia Springs
Hot Springs
PAPAROA NATIONAL PARK
Pancake Rocks ★
Punakaiki
Hot Springs ★
Hamner Springs
Lake Summer
Cuverden
Greymouth
Lake Brunner
Waipara
Shantytown ★
Hokitika
ARTHUR'S PASS NATIONAL PARK
Arthur's Pass 920
Pegasus Bay
Ross
Southern Alps
Waddington
Christchurch
BANKS PENINSULA
Mt. Hutt 2226
Canterbury Plains
Akaroa
Franz Josef Glacier
Methven
Lake Ellesmere
0   25 km
Mt. Tasman ▲ 3497
MT. COOK NAT. PARK
Ashburton
Fox Glacier
▲ 3754
WESTLAND NAT. PARK
Mt. Cook (Aorangi)
Lake Tekapo
SÜDINSEL
Hermitage
Winchester
Lake Moeraki
Mackenzieland
Lake Pukaki
Lake Tekapo
Timaru
Haast
Cave
Lake Pukaki
Lake Ohau
Lake Benmore
Haast
Omarama
MT. ASPIRING NATIONAL PARK
Lake Hawea
Otematata
Pukeuri Junction
Mt. Aspiring ▲ 3027
Lake Wanaka
Oamaru
Wanaka
Moeraki
Milford Sound
Milford Sound
Cromwell
1692 ▲
Mitre Peak
Queenstown
OTAGO
Taiaroa Head
Lake Wakatipu
Alexandra
OTAGO PENINSULA
Dunedin
Te Anau
Kingston
Dunedin
Lawrence
Lake Te Anau
Lumsden
Milton
Manapouri
Balclutha
Lake Manapouri
FJORDLAND NATIONAL PARK
Gore
RESOLUTION I.
Winton
Clifden
Edendale
Pahia
Invercargill
PAZIFISCHER OZEAN
Te Waewae Bay
Bluff
RUAPU
Foveaux Strait
Halfmoon Bay (Oban)
STEWART ISLAND

Tasman-See

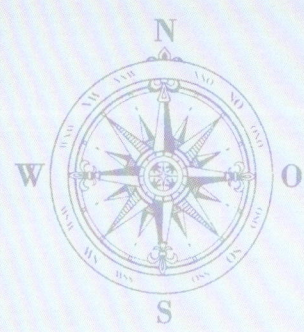

Akuriri Valley in Canterbury.

Very British: Christchurch

Wo ein kleines Gebirge die Ebene unterbricht und als Banks-Halb-insel in den Pazifik ragt, liegt Christchurch, die größte Stadt der Süd-insel. Ihre Bewohner werben gerne mit dem Slogan »britischste Stadt außerhalb Großbritanniens«. Etwas übertrieben, aber ein im Kern vertretbarer Anspruch – und das nicht nur, weil der Ort 1850 mit Hilfe der anglikanischen Kirche gegründet wurde. Wer am parkarti-gen Ufer des River Avon entlangschlendert oder sich in einem flachen Kahn über den Fluss staken lässt, kann sich in der Tat wie in England fühlen.

Auch baulich glänzt die rund 370 000 Einwohner zählende Stadt mit »Old World Charm«, wenngleich manch alte Architektur mit weniger ansprechendem, modernem Beton konterkariert wird. Das gilt beispielsweise für das Herz der Stadt, den Platz rund um die Christ Church Cathedral. Das schmucke neugotische Gotteshaus wurde von 1864 bis 1904 errichtet. Wer die 117 Stufen des Turms erklimmt, wird nicht nur mit einem schönen Blick über die Stadt, sondern auch über das Gewusel zu Füßen der Kathedrale belohnt. Zu Sommerzeiten ist hier das inoffizielle städtische Maskottchen aktiv, ein wie ein Zauberer gekleideter Wizard, der von den Stufen einer Leiter lauthals über Gott und die Welt räsoniert, bisweilen auch unterhalb der Gürtellinie.

Im Old Chief Post Office am Cathedral Square hält die Touris-teninformation Broschüren bereit, die für einen Rundgang zu den Sehenswürdigkeiten der Innenstadt recht hilfreich sind. Zwei Stun-

Stewart Island, die kaum besiedelte Insel tief im Süden des Landes, gilt zu Recht als ganz ruhiger Flecken (oben). – Mit einem Maori-Führer können Wanderungen am Meer und im Hinterland besonders informativ werden (unten).

Seite 114/115:
Die Marlborough Sounds – eine der schönsten Küstenlandschaften Neuseelands.

den sollte man dafür mindestens einplanen, ohne Museumsbesuche oder eine Cappuccino-Pause auf der Oxford Terrace. Die Bauten des Provincial Council von 1865, das Arts Centre in der alten Universität von 1876 und das immer noch als Schule genutzte Christ's College, dessen ältester Teil von 1857 stammt, sind ebenso historische wie attraktive Stationen, bei denen erfahrungsgemäß alle Kameras klicken. Dasselbe gilt für das Canterbury Museum von 1870, das vornehmlich naturhistorisch und geschichtlich ausgerichtet ist.

Zu den meistbesuchten Räumen des Museums gehört die »Hall of Antarctic Discovery«, in der Christchurchs enge Verbindung mit der Erforschung des Südpols deutlich wird. In der Stadt wurden viele frühe Südpol-Expeditionen vorbereitet. Heute werden Neuseelands Forschungsstationen in der Antarktis vom Flughafen Christchurch

Fortsetzung Seite 118

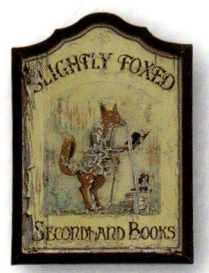

Der feine Stein von Oamaru

Die attraktive Kleinstadt ist fast noch ein Geheimtipp

Steinreich waren sie zeitweise, die Leute von Oamaru, nachdem sich in Neuseeland schnell herumgesprochen hatte, dass der cremefarbene Stein, der vor der Stadt in dichten Schichten lagerte, ein eleganter Baustoff ist. Der »Oamaru Stone« ist ein schlichter Sandstein, der sich, weil relativ weich, leicht aus der Erde sägen lässt. Auch die Steinmetze können gut mit ihm arbeiten, was gerade in der ornamentfreudigen und schnörkelreichen viktorianischen Epoche wichtig war. Und die Bauherren waren mit dem hellen Material zufrieden, weil es an der Luft schnell härtete.

So kaufte Dunedin den Stein für seine Kathedrale und sein Rathaus ein, Christchurch orderte

für seine katholische Kathedrale, Wellington für sein Zollhaus und das ferne Auckland für Rathaus und Postamt. Aber vor allem Oamaru selbst leistete sich den feinen Baustoff, insbesondere, nachdem 1882 eine weitere sprudelnde Erwerbsquelle hinzugekommen war: Auf dem Totara Estate vor den Toren der Stadt – heute ein Museum – wurde 1882 erstmals Lammfleisch tiefgefroren, das dann versuchsweise nach England verschifft wurde. Ein erfolgreicher Test, der Neuseeland zu seiner wichtigsten Branche verhalf und das Land wohlhabend machte.

Oamaru ließ weitere helle Bauten errichten – mit dem Ergebnis, dass die kleine Stadt heute eine der schönsten des Landes

ist. Zwischen Rathaus und Zollhaus liegt an der Thames Street, der Itchin, Harbour und Tyne Street ein noch ziemlich geschlossenes Ensemble viktorianischer Baukunst. Die Stilarten bewegen sich irgendwo zwischen neogotisch und neoklassizistisch, teilweise mit Dekor, für das Vene-

digs Palazzi hätten Pate stehen können. All das fügt sich zu einem Gesamtbild, das eine ideale Kulisse bildet, wenn Oamaru jedes Jahr im November seine »Victorian Heritage Days« zelebriert. Dann gewandet sich ein Großteil der 12 000 Bürger in Urgroßmutters Mode und flaniert

»Criterion Hotel« von 1877, ein Pub wie zu Zeiten von Queen Victoria.

Trotz alledem ist Oamaru zumindest unter Überseetouristen immer noch ein Geheimtipp, obwohl der Ort noch mehr zu bieten hat als nobel bearbeiteten Edelsandstein. Darauf verweist mitten in der Stadt ein überlebensgroßer Pinguin, natürlich aus Oamaru-Stein geschlagen. Zur Überlebensgröße gehört allerdings nicht viel, denn die Vorbilder, die Blue Penguins, sind nur ganze 25 Zentimeter groß und damit die Kleinsten unter den 17 Arten ihrer Gattung. Unmittelbar bei der Stadt brüten die flugunfähigen Vögel mit dem bläulichen Gefieder. Sie kommen zwar erst bei Dunkelheit

aus dem Meer zurück, stören sich dabei aber anscheinend nicht an den Scheinwerfern, die ihre Heimkehr für Touristen sichtbar machen. Auch die scheuen Gelbaugen-Pinguine, eine seltene und leider vom Aussterben bedrohte Gattung, lässt sich bei Oamaru aus einem gut getarnten Versteck heraus beobachten.

Neben den Architektur- und Natur-Touristen (in der Nähe räkeln sich auch Robben in einer Kolonie) ziehen hin und wieder auch Kenner der neuseeländischen Literatur durch Oamaru. Sie sind auf den Spuren von Janet Frame (1924–2004), einer Schriftstellerin, die sogar als nobelpreiswürdig galt. Sie wuchs in Oamaru auf und siedelte viele Szenen aus ihren Werken in ih-

rem Wohnort an, den sie literarisch als »Waimaru« nur wenig tarnte.

gemütlich vor den Fassaden des Courthouse, des District Council oder der Forrester Gallery. Besonders viel Trubel herrscht an diesen Tagen im Harbour-Tyne Historic Precinct, an dessen beiden Straßen die meisten geschichtsträchtigen Bauten liegen. Treffpunkt ist dann gerne das

1 Ralph Sherwood, der Kurator des Janet-Frame-Hauses, trägt viel zur Erhaltung des historischen Erbes von Oamaru bei. – 2 Nostalgie im Süßwarenladen. – 3 Zweimal lokale Macht: Blick von den Säulen der Bank auf das Rathaus. 4 Das »Criterion« Hotel, ein Pub wie in den »good old days«. 5 Während der Victorian Heritage Days tragen auch die Verkäuferinnen im Souvenirshop historische Gewänder. – 6 Der Künstler Ian Andersen arbeitet mit Oamaru-Stein.

aus versorgt, die USA und Italien unterhalten hier ebenfalls Nachschubbasen. Deshalb entstand auch direkt beim Flughafen das International Antarctic Centre, in dem sich die Besucher mit Geologie und Geschichte des sechsten Erdteils vertraut machen können. Dazu gehört beispielsweise eine Klimakammer, in der man arktische Temperaturen erproben kann; auf einem Freigelände rumpeln Antarktis-Fahrzeuge mit Touristen durch die neuseeländische Landschaft. In der Stadt, am Ufer des Avon, erinnert ein Denkmal an den großen britischen Antarktis-Forscher, Robert Falcon Scott. Der Marineoffizier erreichte zwar 1912 mit seiner Expedition den Südpol, verlor aber den Wettlauf mit Roald Amundsen, der als erster Mensch an diesem Punkt ankam. Scott und seine Kameraden starben auf dem Rückweg. Die Statue wurde von Scotts Witwe, Lady Kathleen Kennett, angefertigt, sie war eine der bekanntesten Bildhauerinnen ihrer Zeit.

Zwei andere für Neuseeland noch wichtigere Persönlichkeiten werden mit großen Standbildern am Victoria Square geehrt, zum

Die spektakuläre Küste der Halbinsel Kaikoura (oben) und die vorzüglichen Möglichkeiten, hier Wale zu beobachten (ganz rechts), haben die gleichnamige Stadt auf die touristische Landkarte gebracht. – Heute sind Wale selbst im Café präsent (rechts oben) und im Garten des Fyffe House, dem Heim, in dem der erste Siedler lebte, erinnert ein Walknochen an die riesigen Meeressäuger vor der Küste (rechts).

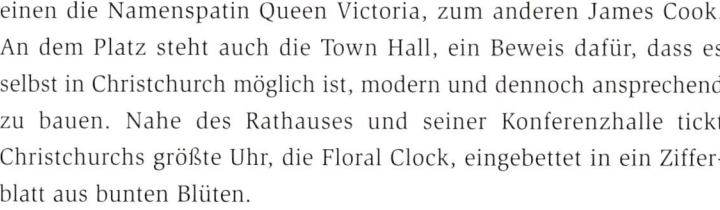

einen die Namenspatin Queen Victoria, zum anderen James Cook. An dem Platz steht auch die Town Hall, ein Beweis dafür, dass es selbst in Christchurch möglich ist, modern und dennoch ansprechend zu bauen. Nahe des Rathauses und seiner Konferenzhalle tickt Christchurchs größte Uhr, die Floral Clock, eingebettet in ein Zifferblatt aus bunten Blüten.

Ein ähnlich begehrtes Fotomotiv entstammt ebenfalls der mechanischen, prädigitalen Epoche: Christchurchs Straßenbahn. Als Verkehrsmittel war sie längst eingemottet, aber vor ein paar Jahren wurde sie als nostalgische Sehenswürdigkeit wiedergeboren. Nun ruckelt sie über eine rund drei Kilometer lange Strecke durch die City und hat sogar eine Sondergenehmigung, auch durch die Fußgängerzone der New Regent Street zu rollen. Sie passt recht gut zu den Häusern, die dort 1932 im »spanischen Missionsstil« errichtet wurden.

Die gemütliche alte Trambahn ist dieser Innenstadt und ihrem Fußgängertempo angepasst. Hektik scheint hier ein Fremdwort zu sein, und selbst auf dem samstäglichen Markt beim Arts Centre schlendern die Käufer ohne Hast an den Ständen entlang. Und wem sogar das noch zu aufgeregt ist, der zieht sich zurück zu einem Tee nach Mona Vale. Das eindrucksvolle viktorianische Gebäude gilt den Stadtvätern heute als ein Juwel. In den sechziger Jahren wollten die damaligen Besitzer das Gebäude am Ufer des Avon abreißen lassen, erst auf massives Drängen der Bürger verhinderte die Stadt den Plan und erwarb das alte Haus zusammen mit seinen Gärten.

An Gärten und Parks mangelt es Christchurch ohnehin nicht, allen voran der rund zwei Quadratkilometer große Hagley Park, der schon von den ersten Siedlern angelegt wurde. Heute birgt er unter anderem einen Golfplatz, Gewächshäuser und künstliche Seen. Wer noch mehr Natur sucht, verlässt die Stadt in Richtung Banks Peninsula. Bevor er das Ziel erreicht, muss er jedoch die Port Hills überqueren – früher ein beschwerliches Unterfangen, denn erst 1938 wurde eine Straße über die Berge gebaut. So konnte der Hafen von Lyttleton besser für die im Inland gelegene Stadt genutzt werden. Heute sind die Port Hills ein geschätztes Ausflugsziel, eine Seilbahn trägt hinauf zur Gipfelhöhe.

Wenn es aber »exotisch« sein soll, dann fahren die Städter bis fast ans Ende der Halbinsel, nach Akaroa. Dort bieten die Bäckereien Baguettes an, der Wirt schenkt *vin rouge* aus, und die Straßenschilder sind in Englisch und Französisch. Der Grund: Hier ließen sich 1840 französische Siedler nieder. Sie vermengten sich allerdings bald mit der zahlenmäßig viel stärkeren englischsprachigen Bevölkerung. Heute parliert auch in Akaroa kaum noch jemand in der Sprache von Asterix und Voltaire, doch das liebevoll gehegte Franzosen-Flair lässt Touristendollars in den Kassen klingeln.

Die bereits ins Museum verbannte Tram von Christchurch wurde vor einigen Jahren reaktiviert (rechts). Sie passt gut in das streckenweise historische und meist britisch anmutende Stadtbild, etwa beim Arts Centre (großes Bild). »Very British« sind auch die Punter (rechts unten), die – wie im englischen Cambridge – Gäste in flachen Kähnen über Christchurchs Avon River staken (unten).

Bye-bye Christchurch!

Der Leihwagen brummt weiter über die Straße 1; am Steuer merkt man, wie lang sich die größte Insel Neuseelands hinzieht. In Timaru, 160 Kilometer weiter südlich, bleibt Zeit für eine Pause und ein kurzes Bad im Meer. Wochentags ist nicht viel los an den Stränden der Caroline Bay, aber an Sommerwochenenden hat man bisweilen das Gefühl, die Bevölkerung der Südinsel habe sich größtenteils in Timaru versammelt. Das gilt insbesondere um die Weihnachtszeit, wenn Timaru eine Art Strandkarneval zelebriert. Dann bietet nur der fast anderthalb Jahrhunderte alte Botanische Garten Stille und Schatten. Das Denkmal des schottischen Nationalpoeten Robert Burns im Botanischen Garten lässt erahnen, dass man allmählich in einen von Clans und Tartans geprägten Landesteil gelangt. Dunedin, die »schottischste Stadt außerhalb von Schottland«, ist nicht mehr weit ent-

fernt. Aber zuvor schnell noch ein Fotostopp in Moeraki, wo scheinbar rätselhafte, mächtige Steinkugeln am Strand herumliegen. Doch Wissenschaftler haben das Geheimnis der riesigen »Murmeln« längst gelöst. Die im Durchmesser bis zu vier Meter messenden Kugeln wurden vor etwa 60 Millionen Jahren in chemischen Prozessen um Steinsalzkerne herum geformt.

Knapp 80 Kilometer sind es von den »Boulders« bis nach Dunedin, der mit 115 000 Bewohnern zweitgrößten Stadt der Südinsel. Als Mark Twain Ende des 19. Jahrhunderts Dunedin besuchte, war er offensichtlich recht angetan. Er schrieb in sein Reisetagebuch: »Die Leute sind Schotten. Sie haben hier angehalten auf dem Weg von zu Hause in den Himmel – sie dachten, sie seien angekommen.« Heute scheinen sich nicht mehr alle Bürger himmlisch zu fühlen, denn die Stadt hat in den letzten Jahren einige Einwohner verloren. Dem Besucher wird dies kaum auffallen, denn am traditionellen Zentrum der

Stadt, dem Octagon, ist immer viel los. Schon bevor 1848 die ersten Siedler der Church of Scotland eintrafen, war dieser achteckige Platz geplant. Aber die beiden stattlichen Bauten, die das Octagon prägen, konnten sich die Stadtväter erst leisten, nachdem 1861 im Hinterland Gold entdeckt worden war. 1880 konnten sie das viktorianische Rathaus, die Municipal Chambers, bauen; der 47 Meter hohe Turm zeugt vom Selbstbewusstsein der damaligen Wirtschaftshauptstadt Neuseelands. Die benachbarte anglikanische St. Paul's Cathedral konnte nach längerer Bauzeit sogar erst 1919 eingeweiht werden. Das dritte größere Bauwerk am Achteck ist die Public Art Gallery, deren moderne Architektur den historischen Nachbarn angepasst ist. Das Kunstmuseum hat eine gute Kollektion europäischer Werke, seine Stärke liegt aber in der umfangreichen Sammlung der Bilder von Frances Hodgkins, dem bedeutendsten Namen in Neuseelands Malerei. Die Künstlerin wurde 1870 in Dunedin geboren und starb 1947.

Der Architekt des Rathauses, Robert Lawson, hat unweit des Octagons ein weiteres eindrucksvolles Bauwerk geschaffen: die neo-gotische First Church der Presbyterianer. Sie gilt als sein Meister-werk. Bestechend sind auch die Law Courts aus dem Jahr 1902 ganz in der Nähe. Der Gerichtskomplex steht allerdings im Schatten des gegenüberliegenden Prunkstücks von Dunedin, des Bahnhofs. 1904 wurde die mächtige, von einem 37 Meter hohen Turm gekrönte Sta-tion in Betrieb genommen. Doch nicht nur die von Skulpturen und verschiedenfarbigen Steinen gezierten Fassaden, auch die eindrucks-volle Halle mit Treppe, bunten Bleiglasfenstern und Mosaikböden hat dazu beigetragen, dass Dunedins Bahnhof als einer der schönsten der Welt gilt.

Viele Dunedin-Besucher planen einen Tagesausflug auf die Otago Peninsula ein. Die nur 24 Kilometer lange Halbinsel bietet viel: ein Schloss, zwei Plätze zur Beobachtung seltener Vögel und schöne, immer wieder abwechselnde Blicke auf die See. Larnach Castle ent-stand zwar erst 1885, aber es wirkt wie ein historischer Adelssitz in Schottland. Der Erbauer, William Larnach, damals Bergbauminister,

Starke Kontraste: Die Otaga Peninsula ist berühmt für ihre Ruhe, während Dunedin, ein lebendiges Stadtleben verheißt (unten).
Linke Seite: Blickpunkte in Dunedin. Das »Octagon« (1), die Public Art Gallery mit einer umfangreichen Neuseeland-Kollektion (2); die Bar »Frederico's« (3); der Bahnhof, der Bahnfans aus aller Welt anlockt (4), die Brauerei Speight's (5), und das nobel eingerichtete Haus Olveston von 1906, heute ein Museum (6).

Im Süden schottisch kariert

Die Südinsel, so schrieb Rudyard Kipling (1865–1936), sei vornehmlich besiedelt »von Schotten, ihren Schafen und des Teufels starken Winden«. Kipling hat Recht: Der Süden der Südinsel ist schottisch geprägt. Ein Bei-spiel ist die Stadt Dunedin, die anfangs New Edinburgh hieß. Als die Stadtväter hörten, dass es zahllose Orte gleichen Namens in Amerika gebe, wechselten sie ins Keltische: Edinburgh heißt auf Gälisch Dunedin. Die ersten Schotten in Neuseeland kamen zwar meist aus den Lowlands, aber in der Fremde übernahmen sie schnell den Highländer-Kult: Kilts, Tartans und Dudel-säcke. Jährlich finden zahlreiche Highland Games statt, bei denen wackere Kiwis im Schottenrock Baumstämme schleudern. Nur eine Sache fuchst die Schotten Down Under – ihre Nationalblume, die Distel, gilt in Neuseeland als Unkraut.

Kiwi-Kitsch: Im Paua Shell House in Bluff zieren mehr als 1000 einheimische Pauamuschel-Schalen die Wände (links). Solche Muscheln lassen sich auch zwischen den Felsen am Nugget Point an der Catlins-Küste finden (rechts). Dort ist der einzige Platz in Neuseeland, an dem man Pelzrobben, Seelöwen und Seeelefanten bisweilen gemeinsam antreffen kann.
Seite 126/127:
Die Moeraki Boulders, von der Natur fast perfekt geformte Steinkugeln.

erschoss sich 1889 nach Fehlinvestitionen im Parlamentsgebäude in Wellington.

Noch mehr Besucher als das Schloss zieht das Royal Albatros Centre an. Das weltweit einzige Brutgebiet der Albatrosse, das leicht zu erreichen ist, erlaubt es, in der Brutzeit die Seevögel mit den mächtigen Schwingen zu beobachten, ohne sie zu stören. Aber auf der Spitze der Halbinsel hat neben der Natur auch die Geschichte Platz: Hier steht die einzige noch funktionierende versenkbare Kanone der Welt, 1886 installiert gegen vermutete Angriffe russischer Schiffe. Die kamen nie, heute taucht die Waffe nur noch für Touristen aus dem Untergrund auf und sucht dann wieder Deckung im Bunker. Die dritte Attraktion ist eine Brutkolonie der Gelbaugen-Pinguine, sie sind die seltenste Art der kleinen Frackträger.

Der Highway 1 verlässt hinter Dunedin die Küste und strebt seinem Endpunkt im Süden zu. Ehe aber der Industriehafen von Bluff erreicht ist, führt die Straße noch durch Invercargill, die südlichste Stadt des Landes. Der Stolz der Kommune ist ihr Queens Park, der neben gepflegten Gartenanlagen einen Golfplatz und einen Tierpark birgt. Das Southland Museum am Rand des Parks zeigt eine Gemäldegalerie und eine naturkundliche Sammlung. Seine Hauptattraktion ist jedoch eine Anlage, in der Tuataras gezüchtet werden, »lebende Fossilien«. Die wie große Eidechsen wirkenden Tiere sind die letzten einer Gattung, die aus der Zeit der Dinosaurier vor rund 200 Millionen Jahren stammt. Es gibt sie nur noch in Neuseeland, wo sie auf abgelegenen Inseln ohne Ratten, Katzen und Hunde überlebt haben.

Insel des glühenden Himmels

Stewart Island lockt Wanderer und Vogelfreunde

1

2

O h, gibt es hier kein Toilettenpapier?« – »Wo sind die Mülltonnen?« Diese und ähnliche Fragen notierten Wanderführer auf Stewart Island, wenn sie mit ihren Gruppen unterwegs waren. Nicht jeder erwartet offensichtlich eine Wildnis, wenn er in Bluff ins Flugzeug oder in die Fähre steigt, um Neuseelands drittgrößte Insel zu besuchen. Und wer in der einzigen kleinen Stadt, in Oban an der Halfmoon Bay, ankommt, sieht sich durchaus von gewohnter Zivilisation umgeben: zwei Hotels, mehrere Bed-and-Breakfast-Pensionen, zwei Restaurants, eine Fish-'n'-Chips-Bude, Souvenirgeschäfte, ein Gemischtwarenladen und Taxis zu Wasser wie zu Land.

Aber bald hinter den letzten Häusern enden die gepflasterten Straßen und der dichte Wald beginnt. Stewart Island ist knapp 1750 Quadratkilometer groß, zählt meist weniger als 400 Bewohner und hat eine von unzähligen Buchten zerfurchte Küstenlinie. Ein Großteil der Insel steht unter Naturschutz und ist nur von einigen Wanderpfaden durchzogen. Sie sind das Ziel der meisten Besucher, wie die vielen Rucksäcke zeigen, die am Steg ausgeladen werden, wenn die Fähre angelegt hat. Die kundigen Wanderer haben ihre Rucksäcke bereits vor der Überfahrt vollgepackt mit Lebensmitteln, denn im einzigen »Supermarkt« der Insel ist alles ein bisschen teurer als auf dem Mainland.

3

Es gibt im Sommer viele schöne Tage in Oban. Aber das ist keine Garantie dafür, dass auch »out in the bush« gepflegt sonniges Wetter herrscht. Das Klima ist zwar dank eines warmen Meeresstroms selbst im Winter mild, aber sehr unbeständig. Hier, in der geografischen Breite der »roaring forties«, muss man stets mit kräftigem bis sehr starkem Wind rechnen, von prasselnden Niederschlägen ganz zu schweigen. Schließlich ist die Insel bis zu 981 Meter hoch, da bleibt manche Regenwolke hängen. Aber im Sommer mangelt es auch nicht an warmen sonnigen Tagen.

5

6

4

Im Winter, wenn kaum einmal Touristen die 32 Kilometer auf der stürmischen Foveaux Strait per Fähre meistern, sehen die Einwohner hin und wieder südantarktische Polarlichter, die mit farbigen Streifen über das nächtliche Firmament ziehen. Daher hat die Insel auch vermutlich ihren Maori-Namen: Rakiura bedeutet nämlich »Land des glühenden Himmels«. In den Maori-Legenden über die Entstehung Neuseelands heißt die Insel allerdings Te Punga o te Waka a Maui, der »Anker von Mauis Kanu«. Der Halbgott Maui soll einst die Nordinsel als großen Fisch aus dem Meer geangelt haben, die Südinsel diente ihm dabei als Kanu.

Heute bevorzugen viele Touristen die kleinen Motorboote, deren Skipper in Oban ihre Dienste anbieten, sei es für Angelfahrten, sei es zu entlegenen Landeplätzen, an denen manche *bushtrails* beginnen. Die meisten Wanderer haben Ferngläser im Gepäck, denn im Busch, wie die Neuseeländer alles nennen, was nicht Stadt oder Weide ist, leben zahlreiche Vögel. 107 verschiedene Arten nennt die Beobachtungsliste der Insel auf ihrer Website (www.stewartisland.co. nz). Darunter ist auch der Stewart Island Brown Kiwi, eine eigenständige Unterart des neuseeländischen Wappenvogels. Von ihm soll es rund 20 000 Exemplare auf der Insel geben, dennoch bekommt man die scheuen Vögel nur recht selten zu Gesicht. Immer wieder richten sich Kiwi-Forscher tagelang mit Zelten im Busch ein, um dem Wappenvogel auf die Spur zu kommen. Wer ohne tagelangen anstrengenden Marsch durch die Wildnis Ornithologisches erleben will, sollte eine Tour nach Ulva Island buchen, ein vorgelagertes Vogelreservat. Dann ist die Rückkehr am Abend nach Oban garantiert – und Fragen nach Toilettenpapier erübrigen sich.

1 Stewart Island besitzt einige Strände, die einsame Badefreuden erlauben. – 2 Abendstimmung am Paterson Inlet. – 3 Stewart Island ist ein beliebtes Ziel für Aktivurlauber, vor allem für Kajakfahrer und Wanderer. – 4 Der kleine Flugplatz von Stewart Island erlaubt auch Rundflüge über die raue Nordküste. – 5 Kelp ist eine Art Seetang, der vor Stewart Island zu ganzen »Wäldern« heranwächst. – 6 Rings um Neuseelands drittgrößte Insel liegen zahlreiche kleine Eilande.

Seite 130/131:
Lichtzauber im Awatere Valley, der Weinregion bei Blenheim.

Zwischen Meereshöhe und Mount Cook

Durch die einsame Westküste der Südinsel

Greenstone, eine Art neuseeländische Jade, wird an der Westküste zu traditionellem Schmuck verarbeitet (ganz oben). Aber auch uriges Handwerk wird im Westen geschätzt, das belegen beispielsweise die Holzfäller-Wettbewerbe (oben). – Dass es an Holznachschub nicht mangelt, zeigen die dichten Wälder dieser Küste, die sich im Lake Matheson spiegeln (rechte Seite).

Tief im Süden der Südinsel, in Invercargill, trifft der Highway 1 mit dem Highway 6 zusammen, mit der Westküstenroute. Aber von Küste ist vorerst nichts zu sehen, denn die zweitwichtigste Straße der Insel führt hinauf in die Berge. Bis zur See sind es gut 420 Kilometer. Die Hauptstraße zieht in weitem Bogen an den einsamsten Gebieten des Landes vorbei, am Fjordland. »Hier gibt es vermutlich Landstriche, die noch nie eines Menschen Fuß betreten hat. Zu schwer zugänglich ist diese Bergregion«, sagt Andrew, der uns ein paar Stunden über den Kepler Track führte. Nur eine Kostprobe, denn für den ganzen Rundweg muss man drei bis vier Tage einplanen. Aber schon dieser Abstecher zeigt, warum so viele Wanderer vom Südwesten schwärmen: Zwischen den schneeweißen Gipfeln sind sattgrüne Bergseen eingebettet und schroffe Bruchkanten führen hinab zu engen Fjorden, die sich tief ins Land hineinziehen. »Die meisten Fjorde sind nur von der See her zugänglich«, erläutert Andrew und ergänzt: »Das ist gut so, sonst wäre diese herrliche Landschaft wohl längst mit Ferienhotels gesprenkelt.«

Die Gefahr besteht nicht mehr, weil Fjordland und weitere große Teile des Südwestens inzwischen als Nationalpark und UNESCO-Weltnaturerbe geschützt sind. Nur zwei der Meeresarme sind vom Land her zu erreichen, der von unzähligen Buchtiteln bekannte Milford Sound und der ihm an Schönheit nicht nachstehende Doubtful Sound. Für beide Touren ist es sinnvoll, in Lumsden vom Highway 6 abzubiegen in Richtung Manapouri und Te Anau. Manapouri bietet die Möglichkeit, eine Bootsfahrt über den gleichnamigen See zu machen und mit dem Bus über den 670 Meter hohen Wilmot Pass zu fahren. In Deep Cove wartet dann ein anderes Boot für eine Rundfahrt über den zweitlängsten und tiefsten (421 Meter) Fjord, den Doubtful Sound.

Te Anau, ebenfalls an einem gleichnamigen See gelegen, ist bekannt geworden als Ausgangspunkt für den 55 Kilometer langen Milford Track, den beliebtesten Fernwanderweg in Neuseeland. Er wird zu Recht zu den eindrucksvollsten Wanderrouten der Welt gezählt, ist aber zumindest im Sommer gewiss keine Stätte der Einsamkeit mehr. Wer die Strapazen oder die äußerst bissigen Mücken scheut, kann auch mit dem Bus zum Milford Sound gelangen. Dort bieten mehrere Reedereien Rundfahrten über den Sound oder zum Unterwasser-Observatorium an. Dies gibt einen guten und informativen Einblick in die Meeresfauna und -flora. An schönen Tagen lohnt sich auch ein Rundflug über das prachtvolle Berg- und Seepanorama, manche Piloten landen sogar für einen kurzen Zwischenstopp auf einem Gletscher. Apropos Luftfahrt: Eine attraktive Alternative zur Rückfahrt mit dem Bus ist ein Rückflug.

Für einen starken Kontrast zu den einsamen Landschaften im Fjordland sorgt Queenstown, der nächste größere Ort, wenn der Highway 6 wieder erreicht ist. Auch diese kleine Stadt liegt sehr fotogen am Ufer eines lang gezogenen Sees und ist umrahmt von schneebedeckten Bergen. Aber die königliche Kommune ist zugleich ein Ferienort ersten Ranges: Hauptattraktion ist die Skyline Gondola hinauf zum 446 Meter hohen Bob's Peak, der einen einzigartigen Blick über die Stadt, den Lake Wakatipu und die Berge erlaubt. Ähnlich beliebt ist die »TTS Earnslaw«, ein Originaldampfer aus dem Jahr 1912, der während des Goldrausches seinen Dienst auf dem Binnensee aufnahm und immer noch wie einst mit Kohle befeuert wird. Spätestens auf der Rundfahrt erfahren die Besucher auch, dass Queenstown einen »atmenden« See hat: Etwa alle fünf Minuten hebt und senkt sich die Wasseroberfläche um bis zu sieben Zentimeter.

Trotz solcher Attraktionen – seinen touristischen Aufschwung verdankt Queenstown einer Besuchergruppe, die anfangs gar nicht gerne gesehen wurde, heute aber umworben wird: Die Rucksackreisenden entdeckten vor drei Jahrzehnten den Ort, junge Leute, die zwar kein Geld für gehobene Unterkünfte und Restaurants ausgaben, aber gerne in die Tasche griffen, wenn es etwas zu erleben galt. Es war kein Zufall, dass sich bei Queenstown die ersten Bungee-Springer in die Tiefe stürzten oder dass hier die Jetboote mit ihren rasenden Touren zwischen Flussklippen populär wurden. Heute ist Queenstown ein bekanntes Pilgerziel für alle Aktivurlauber. Das

Die Awaroa Bay im Abel Tasman Park (ganz oben). – Bei Westport reichen die dichten Regenwälder bis zum Strand hinab (oben). Der Abel Tasman Nationalpark an der Nordwestecke der Südinsel lockt gleichermaßen mit Stränden wie mit Kajakrevieren (rechts).

Rechte Seite:
Westküsten-Bilderbogen (von oben nach unten): Eine große Freitreppe führt in Nelson hinauf zur Kathedrale. – Der Lake Te Anau ist mit 61 Kilometern Länge der größte der Südinsel. – Die Kneipe gilt in Küstenorten wie Greymouth immer noch als der wichtigste Treffpunkt.

N
W O
S

Farewell Spit
Cape Farewell
Golden Bay
D'URVILLE ISLAND
Marlborough Sounds
Cook Strait
Abel Tasman Track
ABEL TASMAN NATIONAL PARK
Tasman Bay
Picton
Heaphy Track
Havelock
Renwick
Blenheim
Nelson
Seddon
Oparara
Wairau
Wharanui
Kawatiri
St. Arnaud
Westport
NELSON LAKES NATIONAL PARK
Lake Rotoiti Lake Rotoroa
Mt.Travers 2338
Kaikoura
Cape Foulwind
Inangahua
Inland Kaikoura Range
Charleston
Reefton
Maruia Springs
Hot Springs
Seaward Kaikoura Rang
PAPAROA NATIONAL PARK
Pancake Rocks
Punakaiki
Hot Springs
Hamner Springs
Greymouth
Lake Brunner
Lake Summer
Cuverden
Shantytown
Waipara
Hokitika
ARTHUR'S PASS NATIONAL PARK
Arthur's Pass 920
Pegasus Bay
Ross
Waddington
Christchurch
BANKS PENINSULA
Tasman-See
Mt. Hutt 2226
Canterbury Plains
Akaroa
Southern Alps
Methven
Lake Ellesmere
0   25 km
Ashburton
Franz Josef Glacier
Mt. Tasman 3497
MT. COOK NAT. PARK
SÜDINSEL
Fox Glacier
3754
Lake Tekapo
Winchester
WESTLAND NAT. PARK
Mt. Cook (Aorangi)
Hermitage
Lake Tekapo
Timaru
Lake Moeraki
Mackenzieland
Lake Pukaki
Cave
Haast
Haast
Lake Pukaki
Lake Benmore
MT. ASPIRING NATIONAL PARK
Lake Ohau
Omarama
Pukeuri Junction
Lake Hawea
Otematata
Mt. Aspiring 3027
Oamaru
Lake Wanaka
Wanaka
Moeraki
Milford Sound
Milford Sound
Cromwell
1692
Mitre Peak
Queenstown
OTAGO
Dunedin
Lake Wakatipu
Alexandra
Taiaroa Head
OTAGO PENINSULA
Te Anau
Kingston
Dunedin
Lawrence
Lake Te Anau
Lumsden
Milton
Manapouri
Balclutha
PAZIFISCHER OZEAN
Lake Manapouri
Gore
FJORDLAND NATIONAL PARK
Winton
Clifden
Edendale
RESOLUTION I.
Pahia
Invercargill
Te Waewae Bay
Bluff
RUAPU
Foveaux Strait
Halfmoon Bay (Oban)
STEWART ISLAND

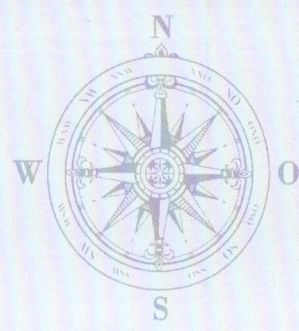

Angebot reicht von gängigen Offerten wie Reiten oder Golfen bis zu ungewöhnlicheren Ferienvergnügen wie Flugakrobatik, Querfeldein-touren in einem umgebauten Schulbus auf meterhohen »Monsterrei-fen« oder Bungee-Absprüngen an einem 109-Meter-Seil in 400 Metern Höhe über der Stadt.

Wieder auf festem Boden geht es hinter Queenstown weiter durch das bergige Land, das den Schafen selbst an kahlen Felsflan-ken noch genügend Nahrung liefert. Arrowtown ist einen Halt wert, denn diese kleine Stadt hat ihr Bild seit den Tagen des Goldrausches – mit einigen touristischen Retuschen – gut bewahrt. Arrowtown war vor anderthalb Jahrhunderten weltberühmt, denn 1862 bargen Gold-sucher im Fox River 113 Kilo des Edelmetalls. Heute schürfen die Ein-heimischen nur noch in den Geldbörsen ihrer zufriedenen Gäste. Der nächste See kommt in Sicht: Lake Wanaka mit der gleichnamigen

Die Pancake Rocks (großes Bild) verdanken ihren Namen der Erosion, die aus Schichtgestein »Pfannkuchenstapel« modellierte. Maori-Künstler sorgen in Hokitika dafür, dass der örtliche Greenstone traditionell verarbeitet wird (links unten). Als Vorbilder dienen auch kunstvolle Waffen der Vorfahren (unten) und überlieferte Motive wie die herausgestreckte Zunge (links).

terscheide, das bislang recht trockene Land zeigt sich jenseits des Passes in regengesättigtem Grün. An den Bergflanken der Westküste laden die Wolkenbänke der Tasmanischen See ihre Niederschläge ab. Bei Haast ist der Highway 6 auf Meereshöhe angekommen und wird dieses Niveau auch entlang der Küste mehr oder minder beibehalten.

Fox Glacier und Franz Josef Glacier sind die nächsten großen Namen auf der Landkarte. Zwei Orte, an denen Gletscher fast bis zum Meer hinunterreichten, als der österreichische Geologe Julius von Haast 1862 als erster Europäer die Region erkundete. Er benannte einen der Gletscher auch nach seinem heimischen Kaiser in der fernen Heimat. Beide Gletscher rutschen etwa 1,5 Meter pro Tag zu Tal und sind rund 13 Kilometer lang. Alte Fotos zeigen, dass die Eismassen noch vor einigen Jahrzehnten bis in den Regenwald unmittelbar an der Küste hinabreichten. Doch bereits seit rund 100 Jahren ziehen sich die beiden Eisströme zurück. Nun muss man den Gletscherzungen zwar ein Stück durch den Wald entgegenwandern, erreicht dann aber eine immer noch großartige Naturbühne. Wer die Eismassen näher erkunden will, sollte sich einer Führung anschließen, denn allein kann es sehr gefährlich sein, über das von Spalten durchfurchte Eis zu klettern.

Kleinstadt, die sich binnen weniger Jahre als Standort für sportive Urlauber profilieren konnte, für Wassersportler und Wanderer im Sommer, für Skiläufer im Winter. Neuseelands drittgrößter Nationalpark rings um den gut 3000 Meter hohen Mount Aspiring liegt hier quasi vor der Tür. Neuseelands »Matterhorn«, so genannt wegen seiner Pyramidenform, schließt sich im Süden nahtlos an den Fjordland National Park an. Beide sind, zusammen mit den Nationalparks Mount Cook und Westland, Teil des UNESCO Weltnaturerbes Südwest Neuseeland, eines Schutzgebietes von 2,6 Millionen Hektar. Das entspricht zehn Prozent der Landfläche Neuseelands.

Am oberen Ende des Wanaka-Sees steigt die Straße hinauf zum 563 Meter hohen Haast Pass, der es den Pionieren 1863 mit Hilfe kundiger Maori ermöglichte, die Bergkette entlang der Westküste zu überwinden. Der Pass markiert auch Neuseelands markanteste Wet-

Eine bequeme und kamerafreundliche Alternative bietet ein Spaziergang durch die Wälder rings um den vom Fox-Gletscher hinterlassenen Lake Matheson. In seinem dunklen Wasser spiegeln sich an sonnigen Tagen auch die Gipfel des hinter dem Eis aufragenden Mount Cook (Maori-Name: Aorangi) und Mount Tasman. Mit 3754 und 3498 Metern sind sie die höchsten Berge des Landes – und ein vorzügliches Revier für Rundflüge mit Kleinflugzeugen oder Hubschraubern. Die Natur an der Westküste ist so eindrucksvoll, dass die wenigen Ortschaften im Schatten der Bergkette da nicht recht mithalten können. Hokitika ist jedoch eine recht attraktive kleine Stadt, die zu Zeiten des Goldrausches sogar eine Zeitlang als Hauptstadt der Provinz Westland diente. Aus jenen Tagen stammen noch die breiten Straßen und einige historische Gebäude wie der schmucke Uhrturm. Und weil der Hafen recht nahe bei einigen der Goldfelder lag, sorgte auch ein reger Umschlag an Passagieren und Waren für einigen Wohlstand, auch wenn die tückische Felsenküste manchem Schiff ein vor-

Die Lagune von Okarito ist bei Fotografen wegen ihres Alpen-Panoramas geschätzt (oben). – Ebenso prägend wie solche Idylle ist für den Westen aber auch seine wilde Küste, an der sich wie an der Bruce Bay Treibholz zu bizarren Plastiken formt (rechts). Auch meerumspülte Felsbrocken in der Brandung wie an der Monro Bay betonen den urwüchsigen Charakter (ganz rechts).

zeitiges Ende bescherte. Heute lebt Hokitika vornehmlich von der Forstwirtschaft und von seinen Kunsthandwerkern, die meist Greenstone verarbeiten.

Dieser in vielen Schattierungen grün und opak schimmernde Stein, auch »Neuseelands Jade« genannt, stand bei den Maori hoch im Kurs. Sie benutzten den harten Stein (geologisch genau genommen sind es zwei Sorten: Nephrite und Bowenite) nicht nur für Schmuckstücke, sondern auch für scharfe Streitäxte und Werkzeuge. Die oft maoristämmigen Juweliere von Hokitika, die heute mit den Steinen arbeiten, müssen sie wegen ihrer Härte mit Diamantsägen bearbeiten. Greenstone entsteht unter hohem Druck in Bergfalten, Brocken des Gesteins wurden mit reißenden Bergbächen ins Tal gespült. Heute fliegen einige passionierte Grünstein-Sucher mit Helikoptern in die Berge, um das wertvolle Material zu bergen. Nach einem Vertrag aus dem Jahr 1997 ging der Besitz der Grünstein-Lagerstätten an der Westküste auf einen lokalen Maori-Stamm über.

Fortsetzung Seite 146

Zwei Gletscher, die an der Westküste fast bis auf Meereshöhe hinunterreichen, sind auch beliebte Reviere für Eiskletterer. Der Fox-Gletscher (Seite 142/143) ist ebenso leicht zu erreichen wie der Franz-Joseph-Gletscher (rechts). Beide Gletscherzungen ziehen sich allerdings seit Jahren zurück.

Unterwegs im Land der »Tramper«

Zu Fuß erkundet man das Land am besten

»Great Walks« nennt das neuseeländische Umweltschutzministerium (Department of Conservation) acht Wildnispfade und eine 145 Kilometer lange Kanustrecke auf dem Whanganui River, die besonders gut ausgestattet sind mit Hütten, Wegweisern und anderen Hilfen. Die bis zu 82 Kilometer langen Strecken führen durch einige der schönsten Landschaften der Insel und sind bei Wandertouristen aus aller Welt gefragt, vor allem zwischen November/Dezember und März. Deshalb hat das Ministerium (www.doc.govt.nz) für die meisten dieser Routen gebührenpflichtige Buchungssysteme eingerichtet, um den Besuchern Plätze in den Hütten oder für ihre Zelte zu garantieren. Auf der Liste finden sich natürlich auch die Namen, die in keinem Reiseführer fehlen, allen voran der 54 Kilometer lange Milford Track durch die neuseeländischen Alpen. Fast ebenso populär sind die beiden anderen Alpenpfade, der Kepler Track (60 km) und der Routeburn Track (32 km). Insgesamt liegen fünf der neun »Großen Wanderungen« auf der Südinsel. Neben den beiden genannten sind dies der Heaphy Track im Kahurangi National Park (82 km) und der Abel Tasman Coastal Track (51 km), beide im Nordwesten. Auf Stewart Island rangiert der Rakiura Track (29 km) in der nationalen Spitzengruppe. Auf der Nordinsel führt der Waikaremoana Walk (46 km) um den gleichnamigen See und der Tongariro Northern Circuit (41 km) über den inaktiven Vulkan Tongariro und den Ngauruhoe, einen der aktivsten Vulkane der Welt.

Engagierte neuseeländische Wanderer haben diese Routen schon oft abgelaufen und meiden sie in der sommerlichen Hochsaison. Sie weichen dann gerne auf weniger bekannte Routen aus, etwa auf den erst 2001 eingerichteten Hump Ridge Track tief im Süden nahe Invercargill, ein rund 55 Kilometer langer Rundkurs, oder sie trecken auf der Nordinsel rund um den Mount Taranaki. Der Vier-Tage-Marsch wird allerdings – nicht nur im Hinblick auf das wechselhafte Wetter als hart und anstrengend

6

4

5

beschrieben. Immer wieder gilt es, über erkaltete Lavaströme zu klettern.

Leichter ist auf der Nordinsel der Cape Reinga Walkway (60 km) entlang Neuseelands längstem Strand zur Nordspitze des Landes, oder auf der Südinsel der Queen Charlotte Track (71 km). Der leichte bis mittelschwere Pfad durch die Marlborough

Sounds bietet unterwegs Unterkunft und Transportmöglichkeiten.

Wer auf längere Touren geht, sollte vor dem Start die Ranger einer DOC-Station (Department of Conservation) informieren. Falls unterwegs etwas passiert, können diese an der richtigen Stelle suchen. Wichtig ist ferner eine gute Ausrüstung. Die

neuseeländische Reise-Website www.fourcorners. co.nz hat eine Liste mit den wichtigsten Dingen zusammengestellt. Dazu gehört auch ein *survival pack*, das unter anderem eine Trillerpfeife enthalten sollte, mit der man auf sich aufmerksam machen kann, wenn man Hilfe benötigt. Wanderer, die mehrere große Touren machen wollen,

sollten sich den englischsprachigen Führer »Tramping in New Zealand« besorgen – als »tramping« bezeichnen die Kiwis das, was im Rest der angelsächsischen Welt als »hiking« bezeichnet wird.

Bergwandern wird auf der Südinsel großgeschrieben. Kleinere Wasserläufe wie am Fox-Gletscher (1) müssen notfalls durchwatet werden, größere Flüsse wie auf dem Hooker Valley Track am Mount Cook Village (2) haben Abenteuer versprechende Hängebrücken; den Treck belohnt ein grandioser Blick auf den Mount Cook (3). – Durch den Regenwald führen der Routeburn Track (4) und der Milford Track (5). – Erfahrene Eiskletterer trifft man rund um den Mount Cook (6).

Unweit von Hokitika, an der Kumara Junction, zweigt eine der drei Straßen ab, die über die neuseeländischen Alpen zur Ostküste führen. Die Route über Arthur's Pass ist die bekannteste und spektakulärste Passage. Die teure Piste, Mitte des 19. Jahrhunderts gebaut, brachte Christchurch aber nicht die erhofften Gewinne aus den Goldfeldern an der Westküste, auch weil sie mit Kutschen schwierig zu meistern war. Erst der Bau der Eisenbahn über den Pass machte die Strecke 1927 sicherer. Heute ist die inzwischen asphaltierte Straße eine beliebte Touristenroute. Die eigentliche Alpenüberquerung von Kumara Junction bis Springfield an der Ostseite des Gebirges misst etwa 160 Kilometer, ihr Höhepunkt ist im wahrsten Sinne des Wortes

der Porter's Pass in 945 Metern Höhe, Arthur's Pass ist mit 924 Metern nur unwesentlich niedriger. Die Strecke führt mitten durch den Arthur's-Pass-Nationalpark, der von einer Reihe von Wanderrouten durchzogen wird. In der kleinen Ortschaft Arthur's Pass befindet sich das Informationszentrum des Parks.

Viele Touristen, die die Südinsel komplett umrunden wollen, machen nur einen kurzen Abstecher bis zur Passhöhe (die Westküstenseite der Passstraße ist der attraktivere Teil der Route) und rollen dann weiter an der Küste entlang. Ein paar Kilometer nördlich liegt die größte Stadt der Westküste. Greymouth ist allerdings kein sonderlich attraktives Ziel, nicht zuletzt durch die Betonbarrieren, die den

Coole Abenteuer nach Kiwi-Art: Bergsteigen im Gletscher (großes Bild), Wandern in tiefgefrorener Alpinlandschaft (unten) oder Schlauchboottrip auf dem See des Tasman- Gletschers (ganz unten). Im südlichen Frühjahr, im Oktober/November, liefert die Sonne dazu schon angenehme Temperaturen.

Grey River bei Hochwasser von den Häusern fernhalten sollen. Vor dessen Bau wurde die Stadt, die einst die Goldsucher und dann die Bergleute in den nahen Kohleminen versorgte, häufig überschwemmt.

Viele Urlauber besuchen denn auch nur die nachgebaute Goldgräbersiedlung Shantytown, eine echte Attraktion für Jung und Alt, in der eine alte Dampfeisenbahn die Besucher zu einem noch arbeitenden Dampfsägewerk bringt. Ähnlich beliebt ist besonders bei Kindern die Wasserrinne, in der man sein Glück als Goldwäscher versuchen kann. Dabei erschallt mit schöner Zuverlässigkeit der begeisterte Ruf »Gold! Gold!«. Weil die Eltern zuvor ein paar Dollar

entrichtet haben, finden die Kids stets ein paar Goldflöckchen, die sie hoch beglückt mit nach Hause nehmen.

Punakaiki ist das nächste Ziel, und damit ist auch wieder ein Nationalpark, Paparoa, erreicht. Hier säumen die berühmten Pancake Rocks die Uferlinie – dünne Gesteinslagen, die aussehen wie übereinandergestapelte Pfannkuchen. Verschiedene Erdschichten und die Kraft der Meereswogen haben gemeinsam ein bizarres Stück Landschaft geformt. Aber auch im Untergrund wirkte die nagende Kraft der See und schuf diverse kleine Tunnel, durch die anrollende Wellen an die Oberfläche gedrückt werden und unter Getöse mehr oder minder hohe Fontänen aus dem Fels pressen. Nur Wenige wissen, dass

1

2

3

4

5

6

der Nationalpark auch 300 Quadratkilometer weit ins Hinterland reicht, wo die Wanderwege durch üppige subtropische Wälder führen. Der Grund für diesen Temperaturwechsel? Hier trifft ein warmer, aus dem australischen Queensland kommender Meeresstrom auf die Küste.

Natur in Hülle und Fülle

Nicht weit hinter den erdgeschichtlichen Pfannkuchen schwenkt der Highway ab von der Küste, führt durch das Tal des Buller River in die Berge und über den Hope Saddle. Hinter dem 613 Meter hohen Pass senkt sich die Straße allmählich hinab zur Tasman Bay an der westlichen Einfahrt in die Cook Strait, dem Meeresarm zwischen den beiden großen Inseln Neuseelands. Nelson ist die größte Stadt an der – für Südinsel-Verhältnisse – relativ dicht besiedelten Bucht, aber mit gut 45000 Bewohnern noch überschaubar. Ein ausgeglichen sonniges Klima, mehrere Parks und sommers Blumenkörbe an jedem Laternenpfahl sowie drei Nationalparks – Tasman, Kahurangi und Nelson Lakes – in unmittelbarer Nähe machen Nelson gleichermaßen geschätzt als Wohnort wie als Urlaubsziel.

Der Ort, der 1842 gegründet und 1858 als erster in Neuseeland Stadtrechte erhielt, hat auch ein deutsches Kapitel in seinen Geschichtsbüchern: 1843 und 1844 trafen zwei Schiffe mit Siedlern aus Deutschland in Nelson ein, in eine damals von wirtschaftlichen und politischen Problemen geschüttelte Region, weil die britische Siedlungsgesellschaft nahezu zahlungsunfähig war. Die meisten Deutschen ließen sich im Hinterland nahe von Nelson nieder, wo noch bis 1907 Gottesdienste in deutscher Sprache abgehalten wurden. Insgesamt assimilierten sich die Deutschen aber schnell in Nelson und Umgebung. Heute lebt die Hafenstadt vornehmlich vom Export von Forstprodukten und von Obst, verweist jedoch auch stolz auf sein wachsendes Tourismusgeschäft. Das wiederum hat zu einem Zuzug vieler Künstler geführt, was das zuvor etwas schläfrige Flair der Stadt ordentlich aufgewirbelt hat.

In der Innenstadt thront die Christ Church Cathedral von 1967 hoch über der Trafalgar Street, der Hauptstraße, mit der sie über eine große Treppe verbunden ist. Im alten Teil der Stadt rings um das Gotteshaus sind einige fotogene Gebäude aus viktorianischen Tagen erhalten geblieben, etwa die fast 150 Jahre alten hölzernen Arbeiterhäuser in der South Street oder die im Tudorstil gehaltene Suter Art Gallery in der Bridge Street, deren wichtige Exponate wohl mehr historische als künstlerische Bedeutung haben.

Die Botanical Reserve ist der schönste und attraktivste Park der Stadt. Von seinem Hügel öffnen sich weite Ausblicke über die Stadt

und die Bucht von Nelson Haven. Im Park markiert ein Denkmal den »Mittelpunkt von Neuseeland«, ein stolzer Anspruch, den Geografen allerdings nicht bestätigen können. An dieser Stelle begann 1877 lediglich die Vermessung der Region Nelson. Der Park ist aber auch ein kleines Pilgerziel für viele begeisterte Rugby-Fans: Auf einem der Sportplätze wurde nämlich im Jahr 1870 erstmals eine Partie des neuseeländischen Lieblingssports gespielt.

Linke Seite: Eindrücke vom Ferienrevier Queenstown. 1 Der Lake Wakatipu lädt ein zum Baden. – 2 Blick von der Bergstation der Skyline Gondola. – 3 Federvieh-Fütterung an der Pier von Queenstown. – 4 Gepflegt erhalten präsentiert sich das nahe Arrowtown, einst eine Goldgräber-Siedlung. – 5 Mit dem historischen Dampfer »MS Earnslaw« auf »Seh-Fahrt«. – 6 Cappuccino-Pause in der Fußgängerzone von Queenstown. Der Shotover River ist ein ruhiges Gewässer (ganz oben) – bis er seine Klippen erreicht hat. – Der Lake Wanaka ist, Sturmtage ausgenommen, ein friedvoller See, in dessen mildem Mikroklima sogar Weintrauben gedeihen (oben).

Es gibt wohl keinen Wanderer auf dem Milford Track, der nicht an den Mackay Falls die Kamera zückt *(oben)*. – *Rechte Seite:* Und wer zu Schiff auf dem Milford Sound unterwegs ist, fährt nicht vorbei, ohne die 146 Meter hohen Stirling Falls oder einen der anderen hohen Wasserfälle in der steilen Felswand aufs Bild zu bannen.

Die Region um Nelson hat schon vor Ankunft der ersten Siedler eine historische Rolle gespielt. Als der niederländische Navigator Abel Tasman als erster Europäer 1642 mit zwei Schiffen vor Neuseelands Westküste aufkreuzte, ankerte er nahe dem heutigen Nelson. Dabei kam es zu einer Attacke der örtlichen Maori auf Tasmans Seeleute, bei der vier von ihnen erschlagen wurden. Tasman ließ daraufhin die Anker lichten und nannte den Ort des blutigen Geschehens »Mörderbucht«. Der nicht gerade werbewirksame Name wurde inzwischen ersetzt durch Golden Bay. An der zur See hingewandten Seite der Bucht haben die Meeresströmungen eine schmale, 25 Kilometer lange Landzunge aus feinem Sand geschaffen, den Farewell Spit. Da unzählige Seevögel die Dünenlandschaft als Rastplatz oder Brutstätte nutzen, steht der »Finger im Meer« unter Naturschutz und ist für Besucher gesperrt. Einzig einige Tourveranstalter, die mit großen Allradwagen zum nördlichsten Punkt der Südinsel brummen, dürfen interessierte Touristen zu diesem ungewöhnlichen Ort bringen.

Wer von Nelson aus nicht in Richtung Golden Bay, sondern in die entgegengesetzte Richtung aufbricht, hat nach knapp 150 Kilometern wieder Picton erreicht und kann in dem Fährhafen zufrieden feststellen: Die Südinsel ist umrundet.

Mode als tragbare Kunst

»Aktuelle Mode in Neuseeland ist das, was London im Jahr zuvor getragen hat.«
Dieser Spott ist von gestern. Heute hängen im Zeichen der Globalisierung in Wellingtons Boutiquen die gleichen Fummel wie in Hamburg, Paris und London. Aber nicht nur das: Neuseeländische Modeschöpfer greifen nun selbst ein in das globale Spiel dieser Branche, allen voran Liz Findlay mit ihrer Marke Zambesi. Profiliert hat sich Neuseeland zugleich bei der Mode-Avantgarde – »wearable art« ist das Schlagwort. Die tragbare Kunst entstand 1987 als Galerie-Aktion in Nelson. Seither reichen jährlich mehr und mehr Künstler, Designer und andere Kreative ihre Werke ein, deren beste und bizarrste in einer Schau mit Musik und Tanz vorgestellt werden. 2005 wechselte das Programm zwar nach Wellington, aber die attraktivsten Entwürfe kommen in Nelson in ein Museum.

Der Milford Sound mit dem spitz zulaufenden Gipfel des Mitre Peak, dem 1692 Meter hohen »Bischofshut«, ist zu einem der optischen Wahrzeichen des Landes geworden. Der 16 Kilometer lange Fjord gilt zu Recht an schönen Tagen als Höhepunkt jeder Neuseelandreise.

Seite 154/155:
Der fast pyramidenförmige 3030 Meter hohe Mount Aspiring.

Schlaf gut, Schlossgeist!

Von Luxushotels bis Hostels ist alles geboten

An seinen Hotels kann man auch erkennen, wie sehr sich Neuseeland geändert hat. Zum Guten, in den meisten Fällen. Gewiss, es gab immer schon Hotels, in denen Nobilitäten des British Empire standesgemäß unterkamen. Aber auf das Wachstum des Tourismus, auf Besucher aus aller Welt, die durchaus einiges an Komfort erwarteten, war das Land wenig vorbereitet. Die Regierung erkannte allerdings das wirtschaftliche Potenzial und ließ an strategischen Orten Hotels errichten und betreiben. Häuser unterhalb der Luxuskategorie, die den lokalen Herbergsvätern aber deutlich machten: Ein Bad pro Zimmer ist nun Standard.

Das ist längst Geschichte. Inzwischen haben die weltweit operierenden Hotelketten begriffen, dass Neuseeland mehr ist als Auckland. Selbst in kleineren Orten und in touristisch attraktiven Lagen trifft man jetzt auf die internationalen Hotelnamen.

Die Modernisierung und Globalisierung ist glücklicherweise nur ein Trend im neuseeländischen Gastgewerbe. Der zweite heißt: Luxus. Es gelingt immer mehr Wirten, ihre Häuser als Spitzenadressen zu positionieren. Ein Beispiel ist das Paar, das die »Lake Taupo Lodge« besitzt, ein Hotel, das international Lob und Sterne sammelt. Daneben gibt es auch das ähnlich renommierte »Puka Park Resort« auf der Coromandel-Halbinsel, das von einem der größten Hotelkonzerne der Welt geführt wird.

Der dritte Trend führt an das andere Ende des Marktes. In Neuseeland vermehren sich preiswerte Backpacker-Unterkünfte wie Waldpilze nach warmem Regen. An Kundschaft mangelt es nicht, denn das Land der Kiwis ist ein beständiges Lieblingsziel unter den Rucksackreisenden. Dennoch macht sich bei der inzwischen großen Zahl von Hostels auch qualitativ ein Wandel bemerkbar: Wo früher Sechsbettkammern mit Kasernencharme die Regel waren, werden Backpacker heute mit Zweibettzimmern, modernen Bädern und sogar Internetzugang umworben.

Der vierte Trend ist der optisch erfreulichste: Traditionshotels

werden restauriert, alte Repräsentationsbauten werden umgebaut zu Herbergen im höheren Preissegment, stolze Villen beginnen ein neues Leben als anspruchsvolle Boutiquehotels. »La Belle Villa« in Akaroa ist ein Beispiel dafür. Die schmucke Unterkunft, in deren Lounge ein Kaminfeuer lodert, diente einst einem Arzt als Praxis. Repräsentation war das Hauptmotiv, als sich 1871 ein reicher

Kaufmann und Politiker »Neuseelands einziges Schloss« bauen ließ. »Larnach Castle« ist heute eine Touristenattraktion. Und wenn die Besucher schon da sind, wollen wir sie mit Betten zum Bleiben bewegen, sagten sich wohl die heutigen Besitzer. Im Haupthaus können zahlende Gäste ihr Haupt zwar nicht betten, doch die einstigen Pferdeställe wurden umgebaut in komfortable Quartiere. Ob die

Schlossgeister, von der die Larnach-Website raunt, wohl auch den Weg aus dem Stammsitz in die benachbarten Schlafstätten der Urlauber finden?

Zu den alten Herbergen, die mit viel Geld für die Neuzeit fit gemacht wurden, zählt das »Cardrona Hotel«, das 1863 mitten im Goldrausch entstand. Heute sind die 16 modernen Zimmer oft ausgebucht, vor allem im Winter, wenn ringsum die Skilifte surren. Das weiße Haus des »Duke of Marlborough« in Neuseelands erster Hauptstadt Russell ist ein weiteres Beispiel von vielen für diese Form der gastlichen Traditionspflege. Und all die Familien, die den teuren Unterhalt ihres viktorianischen Heims finanzieren, indem sie

»Bed & Breakfast« mit viel Ambiente bieten, sollen zumindest ehrend erwähnt sein.

1 Viktorianisches Ambiente in Russell: das Hotel »Duke of Marlborough«. – 2 Der Garten wäre eines Schlösschens würdig: die »Taupo Lodge« in Taupo. 3 Bürgerlicher Bed-&-Breakfast-Charme: »La Belle Villa« in Akaroa. – 4 Wie in einem englischen Club: die »Puka Park Lodge« auf der Coromandel-Halbinsel. 5 Rund anderthalb Jahrhunderte Gastlichkeit: das »Cardrona Hotel« bei Wanaka. – 6 Neuseelands einziges echtes Schloß: »Larnach Castle« auf der Otago-Halbinsel.

Seite 158/159:
Bizarre Felsformation an der Küste bei Cape Farewell.

Planen, Reisen, Genießen

Größe/Lage/ Naturraum

Neuseeland ist mit etwa 270 000 Quadratkilometern etwas größer als das frühere »Mutterland« Großbritannien. Die Landfläche ist aufgeteilt in die Südinsel (rund 150 000 Quadratkilometer), die Nordinsel (knapp 114 000 Quadratkilometer) und einige kleinere Inseln, deren größte Stewart Island ist. Die

Küstenlinie beträgt insgesamt 15 134 Kilometer, das Land erstreckt sich von Nord nach Süd über etwa 1600 Kilometer, die breiteste Stelle misst etwa 450 Kilometer.

Ein erstklassiges Stück der 15 134 Kilometer langen Küste (oben).
Gilt nicht nur für Baustellen: In Neuseeland hat man meist freie Fahrt (ganz oben).
Stilgerechter Stadtrundgang durch Napiers Art-Déco-Quartier (rechts).

Der Inselstaat liegt im südlichen Pazifik und ist durch die etwa 1600 Kilometer breite Tasmanische See von Australien getrennt. Bis nach San Francisco oder Tokio sind es etwa 10 000 Kilometer, die geografisch nächsten Nachbarn sind Neukaledonien, Fidji und Tonga. New Zealand/Neuseeland liegt auf der Bruchkante von zwei tektonischen Platten. Das führte zur Entstehung der für das Land typischen Bergketten, die sich teils durch Erdfaltung, teils durch Vulkanismus bildeten. Die höchste Erhebung ist mit 3757 Metern der Mount Cook in den neuseeländischen Alpen. Das Land verzeichnet ständig Erdbeben und vulkanische Aktivitäten, die allerdings meist leichterer Natur sind.

Klima/Reisezeit

Da Neuseeland auf der südlichen Hemisphäre angesiedelt ist, sind die Jahreszeiten im Ver-

gleich zu Europa »umgekehrt«. Die wärmsten Monate sind November bis Februar, die

kühlsten sind Juni bis August, sie sind auch zugleich die Skisaison. Die Temperaturen sind in dem lang hingezogenen Land sehr unterschiedlich: der Norden ist subtropisch, der Süden oft im Einfluss der Windströmungen aus der Antarktis. In Auckland liegen die Sommertemperaturen oft über 30 Grad Celsius, im Winter selten unter 10 Grad. Auch Christchurch kann im Hochsommer solche Wärmegrade erreichen, häufiger sind aber Temperaturen um 25 Grad; im Winter liegen sie bei zwischen 5 und –8 Grad. Neuseeland hat ein typisch maritimes Klima mit milden, regenreichen Wintern. Das Wetter kann sehr schnell wechseln.
Die beste Reisezeit sind die

Sommermonate. Allerdings sind die Kiwis in den großen Ferien (Mitte Dezember bis Ende

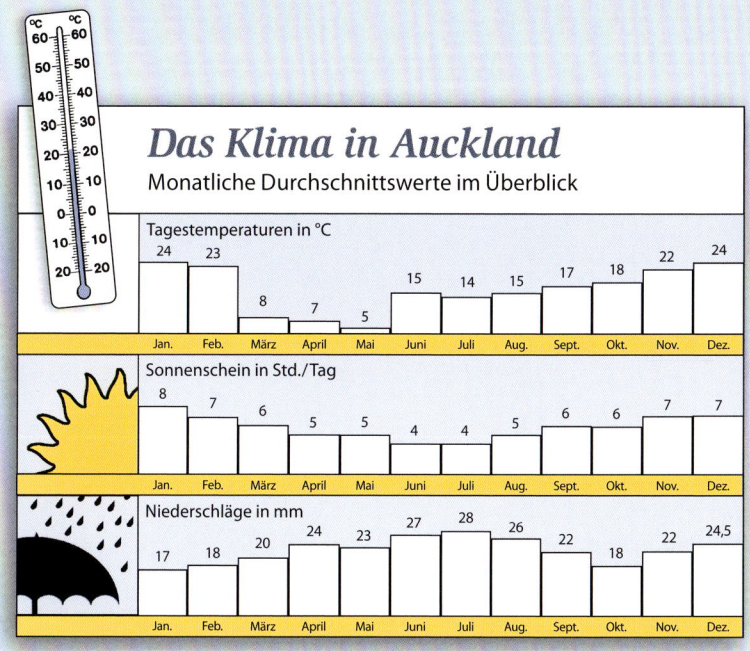

Das Klima in Auckland
Monatliche Durchschnittswerte im Überblick

Tagestemperaturen in °C

Jan.	Feb.	März	April	Mai	Juni	Juli	Aug.	Sept.	Okt.	Nov.	Dez.
24	23	8	7	5	15	14	15	17	18	22	24

Sonnenschein in Std./Tag

Jan.	Feb.	März	April	Mai	Juni	Juli	Aug.	Sept.	Okt.	Nov.	Dez.
8	7	6	5	5	4	4	5	6	6	7	7

Niederschläge in mm

Jan.	Feb.	März	April	Mai	Juni	Juli	Aug.	Sept.	Okt.	Nov.	Dez.
17	18	20	24	23	27	28	26	22	18	22	24,5

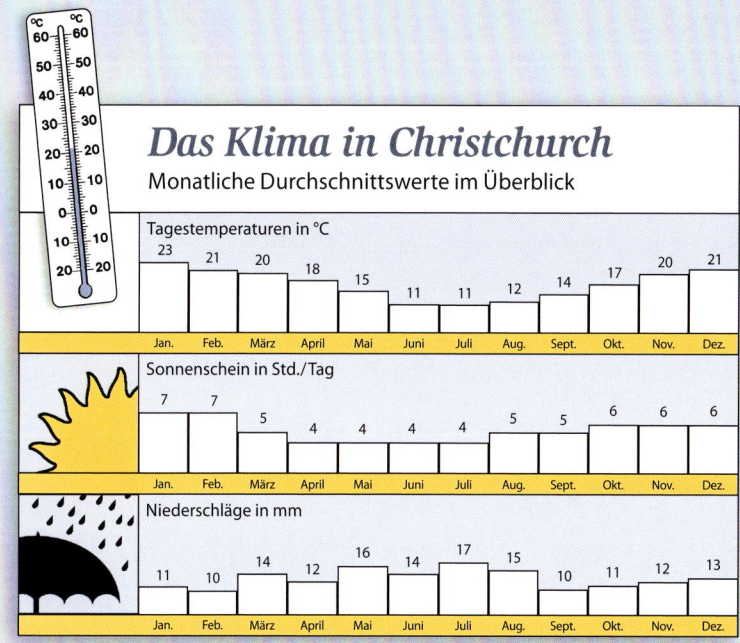

Das Klima in Christchurch
Monatliche Durchschnittswerte im Überblick

Tagestemperaturen in °C

Jan.	Feb.	März	April	Mai	Juni	Juli	Aug.	Sept.	Okt.	Nov.	Dez.
23	21	20	18	15	11	11	12	14	17	20	21

Sonnenschein in Std./Tag

Jan.	Feb.	März	April	Mai	Juni	Juli	Aug.	Sept.	Okt.	Nov.	Dez.
7	7	5	4	4	4	5	6	6	6		

Niederschläge in mm

Jan.	Feb.	März	April	Mai	Juni	Juli	Aug.	Sept.	Okt.	Nov.	Dez.
11	10	14	12	16	14	17	15	10	11	12	13

Kunst hat viele Erscheinungsformen: Zwei schmucke Akteure beim Wellington Arts Festival (oben).
Keine Flosse vor dem Maul: gähnende Pelzrobbe (rechts).

Januar/Mitte Februar) selbst viel auf Achse. Dann muss man Unterkünfte und Transport im Voraus buchen, die Attraktionen sind häufig überlaufen, und Vieles ist wesentlich teurer. Wer dem entgehen will, reist im Frühling (Oktober/November) oder im Herbst (März/April). Im Frühjahr kann es im Süden allerdings noch sehr frisch sein, und in höheren Lagen liegt oft noch Schnee.

Zeitverschiebung

Die Zeitverschiebung zwischen Mitteleuropa und Neuseeland beträgt (ohne Berücksichtigung der Sommerzeit) elf Stunden. Neuseeland hat seine Sommerzeit (Daylight Saving Time) zwischen Oktober und März.

Feste/Feiertage

Die Fest-Saison, insbesondere die zunehmend beliebten Food and Wine Festivals, konzentrieren sich auf die warmen Sommerwochen, dies auch nicht zuletzt deshalb, weil sich viele dieser Festivitäten als Touristenattraktionen erwiesen haben. Kulturelle Festivals finden in den Städten oft auch während des Winters statt. Die wichtigsten Feiertage sind
1./2. Januar: Neujahr,
6. Februar: Waitangi Day,
März/April: Karfreitag und Ostern,
25. April: Anzac Day,
1. Montag im Juni: Queen's Birthday,
4. Montag im Oktober: Labour Day,
25. Dezember: Weihnachten,
26. Dezember: Boxing Day,
Hinzu kommen regionale Feiertage. In Neuseeland werden viele Feiertage, die auf Werktage fallen, zu langen Wochenenden verschoben.

An- und Abreise

Für die Flugreise (Entfernung Frankfurt–Auckland 18 180 Kilometer) muss man mit Zwischenlandung in Asien rund 22–24 Stunden einplanen. Der Flug über Nordamerika dauert etwas länger.
Für die Einreise benötigt man einen Pass, der zum Zeitpunkt

1

2

3

4

5

6

der geplanten Ausreise noch mindestens drei Monate lang gültig ist. Touristen, die nicht länger als drei Monate im Land bleiben, brauchen in der Regel kein Visum. Für die Bewohner einiger Länder gelten andere Vorschriften.

Wer als Tourist einreist, darf in Neuseeland nicht arbeiten, auch nicht in kleinen Neben-jobs. Es gibt aber ein Spezial-programm für junge Leute (18 bis 30 Jahre), die einen längeren Urlaub mit etwas Arbeit finan-zieren wollen. Sie können ein 12-Monats-Visum innerhalb des »Working Holiday Scheme« beantragen. Nähere Informationen vermittelt die Botschaft von Neuseeland über die Website www.nzembassy.com

Wer Neuseeland in Wellington verlässt, muss am Flughafen eine »Departure Tax« (25 Dollar) bezahlen. Sie ist – im Gegensatz zu Auckland und Christchurch – nicht im Flugpreis enthalten.

Kein Bluff in Bluff: Hier stimmen alle Entfernungen (Mitte).
Ideal zum Schwimmen und Schnorcheln – Scorching Bay bei Wellington (oben rechts).
Farbenprächtig: Töpferwaren aus Nelson (unten).

Linke Seite:
Beim Wildfoods Festival meinen es die Leute von Hokitika mit dem Namen ernst: 1 Die Steinzeit-familie »Flintstones« bittet zu Tisch. – 2 »Alter Knochen.«
3 Erst das Fell abgezogen und den Rest zu Possum-Klopsen, verarbei-tet. Wer wissen möchte, was er isst, kann auch das Fell begutach-ten. – 4 Delikat – Käfer am Spieß und Heuschrecken auf Toast.
5 Lieber Raupen als Graupen.
6 Besser nicht fragen, was das ist in den Plastiktüten.

Auskunft

Die generell sehr gute touristi-sche Infrastruktur des Landes erstreckt sich auch auf das recht enge Netz an Informationsstel-len. Die meisten sind gekenn-zeichnet als »i-Site«, daneben gibt es aber auch kleinere Info-Stellen. Bisweilen werden diese aber von touristischen Unter-nehmen betrieben, die damit den Verkauf ihrer Produkte und Programme ankurbeln wollen. Die »i-Sites« sind fast immer sehr gut ausgestattet mit Bro-schüren, die in Neuseeland oft

aussagefähiger sind als die tou-ristische Reklame in anderen Ländern. Die Mitarbeiter der »i-Sites« sind meist sehr kundig und – vor allem abseits der tou-ristischen Zentren – überaus hilfreich. Gut geeignet nicht nur für die heimische Vorbereitung, sondern auch für die Informa-tion unterwegs ist Neuseelands offizielle touristische Website www. newzealand.com. Sie ist

auch ins Deutsche übersetzt. Generelle Informationen lassen sich dem zweimonatlich er-scheinende Magazin »360° Neu-seeland« finden. Neben dem Thema Urlaub spielt auch der Themenbereich Auswandern eine Rolle (www.360grad-neu-seeland.de). Tagesaktuelle Infor-mationen liefert die englisch-sprachige Online-Ausgabe der größten Zeitung des Landes, des »New Zealand Herald« (www.nzherald.co.nz). Im Reise-teil (»Travel«) gibt es auch die Abteilung »Destination New Zealand« mit Tipps zu allen Lan-desteilen.

Über das aktuelle Wetter in Neu-

seeland informiert unter ande-rem der meteorologische Dienst www.metservice.com/national, Auf der englischsprachigen Website finden sich auch detail-lierte Wetterinformationen zu Städten und Regionen oder zu den Nationalparks.

Wer Kontakt zu Neuseeländern in Deutschland sucht, wird bei der Deutsch-Neuseeländischen Gesellschaft (www.deutsch-neuseelaendische-gesell-schaft.de) fündig.

Wer sich für ein Praktikum inte-ressiert, kann den Kontakt auf-nehmen mit der New Zealand German Business Association (www.germantrade.co.nz/germ an).

Baden

Gefahren drohen, da Neusee-land keine gefährlichen Land-tiere hat, vornehmlich im Meer. Das sind weniger die Haie, die auch vor den Inseln unterwegs sind, als vielmehr sehr starke Strömungen und Unterströ-mungen. Die bekanntesten Strände werden aber von Lebensrettern überwacht. An

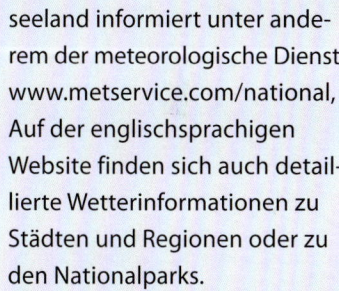

einsamen Stränden sollte man nur mit Vorsicht Baden.

Reisende mit Behinderungen

Öffentliche Gebäude, die neu errichtet oder umfassend umgebaut werden, müssen in Neuseeland per Gesetz so eingerichtet sein, dass sie auch von Rollstuhlfahrern problemlos benutzt werden können. Viele Hotels, Restaurants, Bahnhöfe, Flughäfen und Einkaufszentren sind bereits entsprechend umgestaltet, auch Kinos, Theater und touristische Attraktionen haben entsprechende Maßnahmen umgesetzt. Einige Autovermieter können nach entsprechender Vorausbuchung auch Autos für Rollstuhlfahrer umbauen.

Einkaufen

Mit zunehmendem Wohlstand und wachsendem internationalem Tourismus ist auch das Einkaufsangebot größer und vielfältiger geworden. Allerdings schließen viele Läden immer noch am frühen Abend, die Öffnungszeiten sind montags bis freitags meist von 9 bis 17.30 Uhr. In den Städten werden diese Zeiten donnerstags oder freitags bis 21 Uhr verlängert. Samstags bleiben die Geschäfte meist bis 12.30 Uhr geöffnet, in größeren Städten zunehmend auch bis 17 Uhr. Generell zeich-

Einladung zur Abkühlung am heißen East Cape (oben).
Musterhaft: Sandwellen am Cape Farewell (unten).
Im Botanischen Garten von Wellington (rechts oben).

net sich in den Großstädten ein Trend zu längeren Öffnungszeiten ab. Das gilt jetzt bereits für größere und kleinere Supermärkte und für »Dairies« (Tante-Emma-Läden), die auch sonntags öffnen. Großstädtische Einkaufszentren schließen sonntags meist mittags die Türen auf. Die Banken haben normalerweise Montag bis Freitag zwischen 9.30 und 16.30 Uhr geöffnet. Es gibt aber zahlreiche Geldautomaten (ATM = Automated Teller Machine), mit denen man rund um die Uhr Neuseeland-Dollar ziehen kann. Dabei werden auch viele Karten ausländischer Banken anerkannt, benötigt wird eine PIN. Kreditkarten sind in Neuseeland weit verbreitet und werden in Geschäften auch für relativ kleine Beträge akzeptiert. In

allen Preisen ist eine Mehrwertsteuer enthalten. Diese »Goods and Services Tax« (GST) beträgt zurzeit 12,5 Prozent und wird im Gegensatz zu anderen Ländern nicht erstattet, wenn Touristen eingekauft haben und das Land verlassen.

Die führenden Kaufhäuser sind in Auckland Smith and Caughey, in Wellington Kircaldie and Stains, in Christchurch Ballantynes und in Dunedin Arthur Barnett. Sie alle bieten einen umfassenden Service.

Märkte dienen meist dem Verkauf von Kunsthandwerk und ähnlichen Produkten. Der Victoria Park Market in Auckland ist täglich geöffnet, der Wakefield Market in Wellington ist jeweils von Freitag bis Sonntag und an Feiertagen geöffnet, und die Stände des Arts Centre Market

Fortsetzung Seite 168

Wellington

Der schönste Stadtrundgang

Well done, Wellington.« Das Lob einer australischen Zeitschrift galt der neu gestalteten Hafenfront, und wenn die Aussies ihre Erzrivalen, die Kiwis, loben, ist das schon etwas Besonderes. Aber die neue Flaniermeile an der Bay und hinüber zum Nationalmuseum Te Papa ist wirklich gelungen. Das Te Papa mit seiner Maori-Sammlung und seinen naturhistorischen Kollektionen fordert eigentlich einen ganzen Tag, selbst für einen flüchtigen Eindruck sollte man eine Stunde reservieren. Möchte man ein zweites Museum besuchen, lohnt sich der Bummel zur Queens Wharf und dem Museum of Wellington City & Sea. Über die Grey Street führt unser Rundgang zum Lambton Quay. Hier, ein gutes Stück landeinwärts, verlief einst die Hafenlinie. Wellington musste dem Meer stets Land abringen, um Platz zu schaffen für sein Wachstum, das sonst durch die nahen Hügel gebremst worden wäre. Aber auch die Bergflanken sind inzwischen längst bebaut. Schon 1902 entstand die historische Cable Car als Transportmittel. Heute ist sie eine Touristenattraktion, deren Bergstation ein-

en eindrucksvollen Blick über Wellington erlaubt. Wer mag, kann von hier oben durch den Botanischen Garten zurück in die Stadt mäandern. Wer aber nur einen Tag Zeit hat, sollte per Bahn zurückfahren und sich auf dem Lambton Quay, der Haupteinkaufsstraße, nach links wenden. Shopping-Fans können sich auf den nächsten Metern vertraut machen mit Neuseelands jungen, fantasievollen Modedesignern. Einkaufsmuffel sollten aber mindestens einen Blick ins Kirkcaldie & Stains werfen, »Wellingtons Antwort auf Harrods in London«. Das ist zwar ein wenig übertrieben, aber eindrucksvoll ist dieses Kaufhaus von 1863 allemal. Allmählich wird der Boutiquentrubel ersetzt durch die ruhigere Gangart des Regierungsviertels – Wellington ist seit 1865 die Hauptstadt Neuseelands (und unter ihresgleichen die südlichste der Welt). Symbol dieses Rangs ist der Beehive, das bienenkorbartige Parlaments- und Regierungsgebäude, das 1980 nach elfjähriger Bauzeit eröffnet wurde. Flankiert wird der moderne Bau vom neogotischen Parlament. Auch die gegenüberliegenden Goverment Buildings dienen nicht mehr ihrem ursprünglichen Zweck. Inzwischen dürfen sich die Juristen der Universität brüsten, im zweitgrößten Holzhaus der Welt (nach einem japanischen Tempel) zu büffeln.

Nördlich des Regierungsquartiers erstreckt sich einer der ältesten Stadtteile, Thorndon, mit Old St. Paul's als bekanntester

Attraktion. Die einstige Kathedrale, ein bescheidenes Gotteshaus, dient heute für Konzerte, Hochzeiten und ähnliche Veranstaltungen. Thorndons zweite Attraktion ist das – etwas abseits gelegene – Geburtshaus von Katherine Mansfield, Neuseelands wohl bekanntester Schriftstellerin. Darf es zum Abschluss noch ein Geheimtipp sein? Das National Tattoo Museum in der Abel Smith Street (Taxi empfehlenswert) zeigt die historischen polynesischen Wurzeln jener Muster, die sich einst Seeleute und heutzutage Europas junge Mädchen in

mehr oder minder sichtbare Körperpartien ritzen lassen.

Historisch: St. Paul's Church (oben).
Wellington modern: das National-
museum Te Papa (links).
Seite 166/167:
Der Highway 73 verbindet die Ost- und
Westküste der Südinsel miteinander.

in Christchurch sind an den Wochenenden besetzt.Beliebte Mitbringsel sind – neben den üblichen Souvenirs – Textilien aus den Designstudios aufstrebender neuseeländischer Modeschöpfer oder Erzeugnisse aus

mittel werden zunehmend als Mitbringsel gekauft, beispielsweise regionale Käsespezialitäten (geruchsdicht verpackt) und Süßigkeiten mit Kiwifrucht oder Honig. Ein eher exzentrisches, aber sehr typisches Souvenir ist

Wolle, was bei Millionen von Schafen nicht verwunderlich ist. Eine Spezialität sind auch Schnitzereien und anderes Kunsthandwerk aus Maori-Hand. Da es hier aber bereits viele Fälschungen gibt, empfiehlt es sich, auch auf das Maori-Markenzeichen toi iho zu achten (allerdings sind hier nicht alle Maori-Künstler Mitglied) oder, gerade bei teureren Stücken, bei Galeriefachleuten einzukaufen. Dasselbe gilt übertragen beim Kauf von teurem Paua- oder Greenstone-Schmuck. Produkte aus Schafsfell sind überall im Angebot, wo Touristen vermutet werden, vornehmlich Hausschuhe, Handwärmer und ganze Felle, die sich allerdings spätestens beim Rückflug als problematischer Kauf erweisen können, weil sie sperrig und relativ schwer sind. Auch Lebens-

Mit einer kleinen Maschine kann man auf den Gletschern am Mount Cook landen (oben). Auf der Driving Creek Railway bei Coromandel Town (rechts).

Marmite, ein gesunder vegetarischer Brotaufstrich, der beispielsweise aus Brauereirückständen gewonnen wird und in-tensiv nach Hefe schmeckt. Der braune dickflüssige Brei wurde zwar in Großbritannien erfunden, wird aber von vielen Neuseeländern als Gegenstück zu Vegemite empfunden, einer australischen Ikone gleicher Machart.

Elektrizität

Die elektrische Spannung beträgt 230 bis 240 Volt, das können die europäischen 220-Volt-Geräte meist problemlos verarbeiten.

Besucher aus Europa benötigen für ihre Stecker einen dreipoligen Adapter. In den Hotels gibt es in Bädern Steckdosen für die üblichen zweipoligen Stecker.

Fortbewegung

Neuseeland hat trotz seiner geringen Bevölkerungszahl ein

engmaschiges Verkehrsnetz. Das gilt gleichermaßen für den Flugbereich, für Bahnen und Busse wie auch für private Autofahrer, denen ein größtenteils gepflegtes Straßennetz zur Verfügung steht. Auch die Beschilderungen sind zahlreich und eindeutig. Wer nicht an den Linksverkehr gewöhnt ist, sollte in den

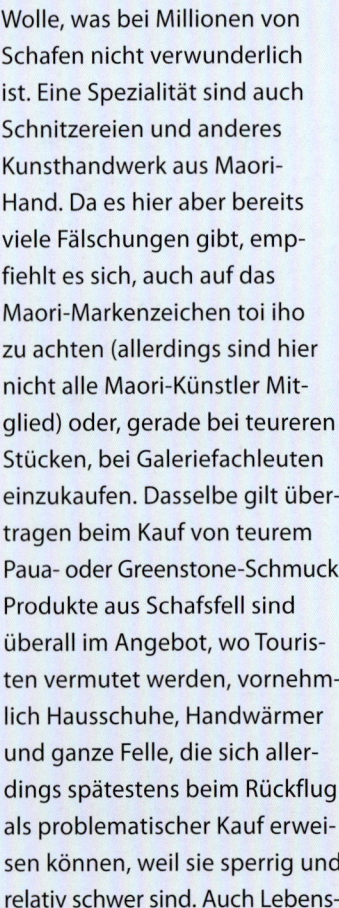

Die Marlborough Sounds sind eines der schönsten Fährschiff-Reviere der Welt (großes Bild). *Zwischenstopp des TranzCoastal Train; unterwegs von Picton nach Christchurch* (rechts). *Appetitmacher in »Fleur's Place«, Moeraki* (unten).

tion genügt ein Blankoabzug der Kreditkarte. Angesichts der großen Entfernungen lohnt es sich meist, einen Tarif mit unbeschränkter Kilometerzahl zu wählen, es sei denn, man fliegt von Ort zu Ort und braucht den

ersten Tagen besonders vorsichtig fahren. Erfahrungsgemäß ist die Gewöhnung dort leichter, wo etwas mehr Verkehr herrscht. Hier kann man sich in den fließenden Verkehr einordnen. Alle großen Mietwagen-Konzerne sind in Neuseeland präsent, aber auch lokale Anbieter wie EZY (www.ezy.co.nz) sorgen

dafür, dass es immer wieder günstige Angebote gibt. Die Mieter müssen mindestens 21 Jahre alt sein. Zum Anmieten ist bei einem deutschsprachigen Führerschein entweder zusätzlich eine beglaubigte Übersetzung oder statt dessen ein internationaler Führerschein notwendig. Anstelle einer Kau-

Im Urlaub unter Dampf

»All abooaard!« So klingt es von Oktober bis April zweimal täglich, wenn sich Neuseelands letzter regelmäßig rollender Dampflok-Zug in Kingston am Wakatipu-See auf den Weg macht. Rund 40 Minuten braucht der »Kingston Flyer« für die 14 Kilometer lange Strecke nach Fairlight. Auch die sieben Waggons von 1898 sind an die Kessel der Lok angeschlossen – der Dampf heizt an kühleren Tagen den Passagieren ein. Hin und wieder rollen aber auch Dampfloks auf anderen Strecken, etwa auf der TranzAlpine-Route in den Alpen oder auf der Taieri-Gorge-Strecke bei Dunedin. Private Eisenbahnfans, die im »Main Line Steam Trust« zusammengeschlossen sind, veranstalten kurze und mehrtägige Fahrten unter Dampf. Die Vereinigung hat ihre elf Kessel-Veteranen in Auckland, Wellington und Christchurch stationiert, ihre Website www.mainlinesteam.co.nz. informiert über Fahrten nach Art der Vorväter.

Wagen nur für ein paar lokale Fahrten. Manche Autovermieter lassen es nicht zu, mit den Wagen auf die andere Insel überzuwechseln. Meist bieten sie aber an, dass im Ankunftshafen ein neuer Mietwagen bereitsteht. Viele Neuseeland-Besucher erkunden das Land mit Wohnmobilen.

Vogelperspektive: Der Drei-Seen-Blick von Rotorua (oben).
Weinprobe: Tief ins Glas geschaut (unten).

Solche Campervans kann man bei mehreren Firmen mieten. Kea Campers (www.kea.co.nz) ist eines der größeren Unternehmen. Die Mietpreise richten sich nach der Größe der Wohnmobile – meist zwischen zwei und sechs Betten – sowie nach der Mietdauer und der Saison.
Wer die Inseln auf einem Motorrad erfahren will, aber die hohen Transportkosten für sein eigenes Bike scheut, kann in Auckland bei New Zealand Motorcycle Rentals (www.nzbike.com) Maschinen aller Größenordnungen mieten.

In alle Kosten- und Zeitkalkulationen für Reisen auf der Straße muss man, einen Inselwechsel vorausgesetzt, die Fährüberfahrt zwischen Nord- und Südinsel einkalkulieren. Die Preise und die Abfahrtszeiten finden sich im Internet unter www.interislander.co.nz Unter www.newzealand.com hat die neuseeländische Tourismusorganisation in der Rubrik »Transport« einen Zeit- und Entfernungskalkulator eingebaut. Auch der neuseeländische Automobilclub AA offeriert im Netz (www.aatravel.co.nz) eine solche Berechnungsmaschine. Ohnehin hält dieses Webangebot für motorisierte Reisende gute Tipps parat.
Die Kiwis benutzen, wenn sie im eigenen Land über größere Distanzen unterwegs sind, meist das Flugzeug. Neben den drei internationalen Flughäfen in Auckland, Christchurch und Wellington hat jede größere Stadt einen Regionalflughafen, der regelmäßig angeflogen wird.
Die Eisenbahn wird von den Ein-

heimischen nur noch in geringem Maß für den Fernstreckenverkehr genutzt, folglich hat sich die neuseeländische Eisenbahn auch hauptsächlich auf Touristen eingestellt. Selbst ihren Namen hat sie geändert in »TranzScenic«, in manchen Zügen setzt sie Waggons mit Panoramafenstern ein. Die insgesamt drei Routen lassen sich mit dem Scenic Rail Pass preisgünstig verknüpfen, denn es gibt ihn für 7 oder für 14 Tage, auch mit einer Fährpassage über die Cook Strait zwischen Nord- und Südinsel (www.tranzscenic.co.nz). Wo das dünne Netz der Bahn endet, hilft das viel dichtere System der Überlandbusse weiter. Jeder größere Ort kann per Bus erreicht werden. Die beiden wichtigsten Gesellschaften sind »Intercity Coaches« (www.intercitycoach.co.nz) und »Magic Bus« (www.magic-bus. co.nz). Sie wenden sich auch gezielt an Backpacker und haben verschiedene Pässe im Angebot, die das Reisen im Bus noch preiswerter machen.
Neuseeland hat 2010 mit dem Aufbau eines nationalen Netzes von Radwegen begonnen. Dabei sollen bei den wichtigsten Natur-Sehenswürdigkeiten regionale Radwege entstehen, die schrittweise landesweit verknüpft werden. Das Projekt »Great Rides« ist auf drei Jahre angelegt. Es soll auch dazu dienen, neue Arbeitsplätze zu schaffen.

Gesundheit

Auf langen Flugstrecken drohen Thrombosen, wenn man sich nicht ausreichend bewegt. Das

gilt insbesondere für die engen Sitze in der Touristenklasse. Alle Fluglinien empfehlen Übungen, die man auch im Sitzen machen kann. Besser ist es, von Zeit zu Zeit im Gang auf- und abzulaufen. Hilfreich sind auch Stützstrümpfe.
Ein probates Mittel gegen Jetlag durch die Zeitverschiebung nach Langstreckenflügen ist es, dem Körper viel natürliches Licht zukommen zu lassen. Dennoch dauert es einige Tage, bis der Körper sich der neuen Zeitzone angepasst hat. Deshalb ist es sinnvoll, sich in den ersten Tagen nach der Ankunft keine Strapazen zuzumuten.
Neuseeland gilt – aus medizinischer Sicht – als ein sicheres Land. Das Netz der Krankenhäuser und ärztlichen Stationen ist recht eng, die medizinischen Leistungen haben einen hohen Standard. Auch die hygienischen Verhältnisse sind recht gut, Leitungswasser kann überall getrunken werden.
Da in Neuseeland die UV-Strahlen sehr stark sind (das Land hat eine der höchsten Hautkrebsraten der Welt), empfiehlt es sich, bei längeren Aufenthalten im

Seilschaft: Bungee-Springer an der Kawarau Bridge bei Queenstown (rechts).
Anglerglück: Forellenfang in Turangi (unten).

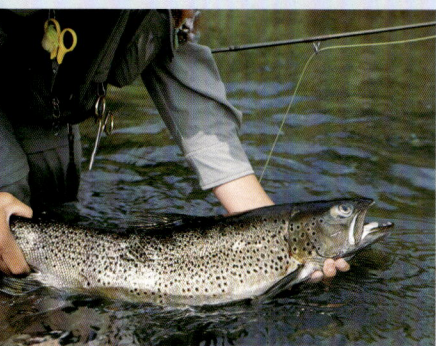

Freien Haut und Kopf vor der Sonne zu schützen.
Wer als Wanderer unterwegs ist, sollte Wasser aus Flüssen und Seen nur gekocht oder gefiltert trinken. Dort ist eine Bakterie verbreitet, die Durchfall verursacht. Medizinische Behandlungen in Neuseeland werden in der Regel nicht durch die europäischen Versicherungen abgedeckt. Deshalb empfiehlt sich eine entsprechende Reisekrankenversicherung.

Museen

Neuseeländer sammeln gern. Und sie schauen sich auch gerne Sammlungen an. Deshalb gibt es unzählige öffentlich zugängliche Kollektionen, von gehorteten Haushaltsgeräten aus Omas Tagen bis zum umfassenden Nationalmuseum Te Papa in der Hauptstadt Wellington. Dessen Experten betreuen gleichzeitig die Website www.nzmuseums.co.nz, die einen umfassenden, wenn auch nicht vollständigen Überblick über die Museen im Lande bietet. Sie ist in zwölf thematische Rubriken unterteilt, wobei selbst in Nischenfeldern wie den mari-

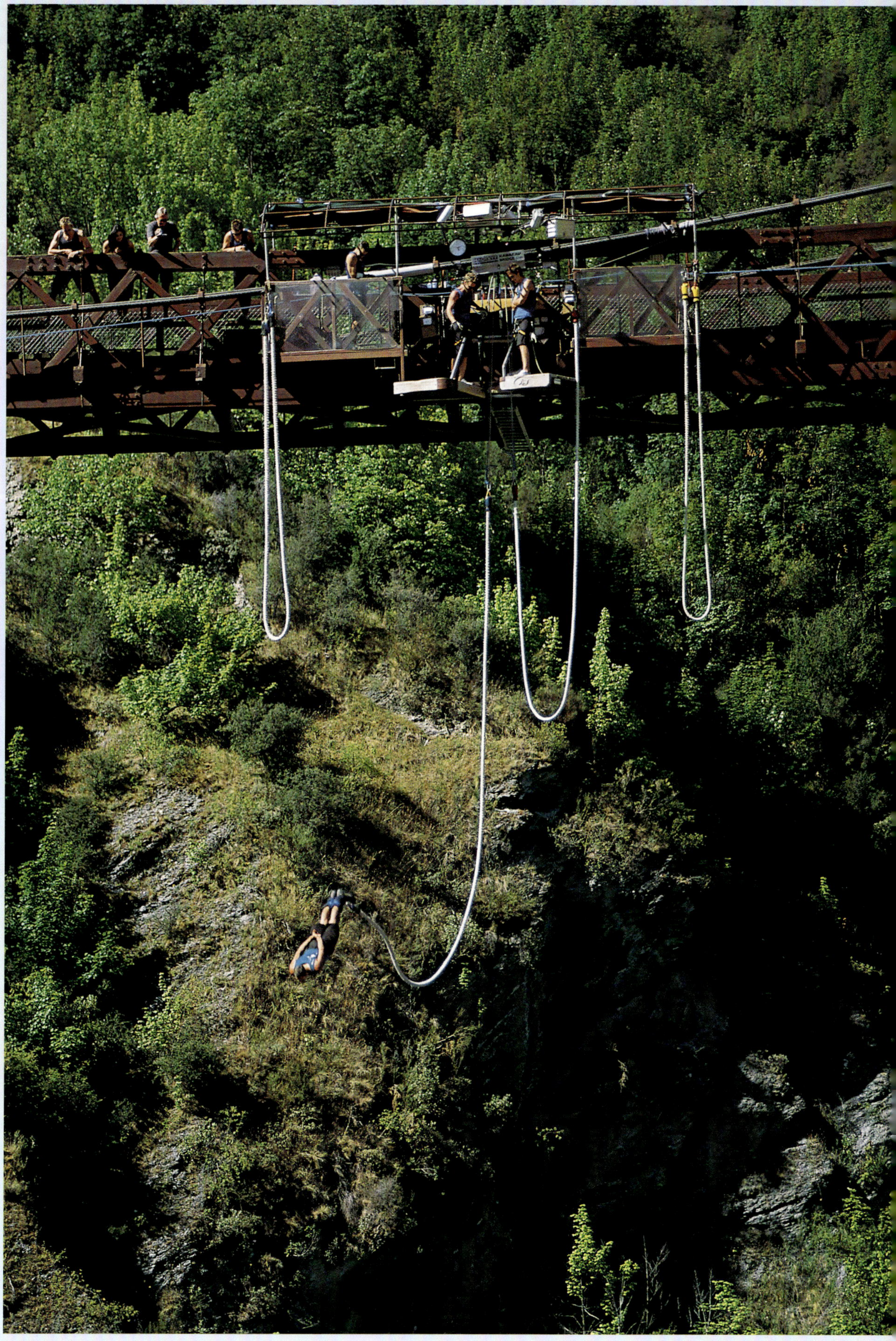

Jetset – schnell und wendig

In den Schluchten des Shotover River bei Queenstown ist es nie ruhig, dafür sorgt schon der gurgelnde oder tosende Gebirgsfluss. Aber manchmal wird sein Lärm sogar noch übertönt von schrillen Schreien der Touristen.

Dann jagt wieder ein Jetboot durch die Canyons, schlägt Haken wie ein Hase und dreht sich fast auf der Stelle. Jetboote sorgen inzwischen in ganz Neuseeland und in aller Welt für Nervenkitzel. Überall dort, wo es schnelle, aber flache Gewässer gibt, in denen ein Schiffspropeller sofort Grundberührung hätte. Ein Neuseeländer, Bill Hamilton, hält seit 1954 das Patent für die Boote, bei denen unter dem Bootsboden Wasser angesaugt und am Heck über der Wasseroberfläche wieder herausgepresst wird.

Es gab frühere Entwicklungen, die aber alle der Praxis nicht standhielten. Bill überzeugte den gesamten Weltmarkt, als er 1960 als Erster durch den Grand Canyon preschte. Der Erfinder, inzwischen zum Sir William geadelt, weist aber alle Ehren weit von sich: »Der Ruhm gebührt einem Herren namens Archimedes.«

Von innen und von außen – Jetboat auf dem Shotover River bei Queenstown.

timen Museen nahezu 50 Adressen eingetragen sind.

Post/Internet

Die Postämter haben in der Regel montags bis freitags zwischen 8.30 und 17.30 Uhr geöffnet. Samstags sind die meisten Postshops von 9.30 bis 12.30 Uhr dienstbereit. Sehr häufig gibt es statt traditioneller Postämter kleine Postshops in anderen Geschäften. Auf der Website www.nzpost.co.nz kann man die nächstgelegene Poststelle nebst Öffnungszeiten finden. Dort gibt es auch Informationen über postlagernde Briefe und Päckchen unter dem Suchwort »Poste Restante«. Die Briefkästen der neuseeländischen Post werden

werktäglich meist gegen 17 Uhr geleert, in den Innenstädten oft zusätzlich um die Mittagszeit. Internet Cafés gibt es selbst in kleineren Städten überall in Neuseeland, allerdings kann man sich nur in den Großstädten darauf verlassen, ausreichend viele Terminals und schnelle Breitbandverbindungen anzutreffen. Auch die meisten Backpacker-Unterkünfte offerieren Computer mit Internetzugang, viele Hotels haben den Service ebenfalls, allerdings meist gegen stattliche Gebühren. Die öffentlichen Bibliotheken gestatten Touristen den Zugang zum Web meist nur, wenn gerade keine Einheimischen an die Bildschirme wollen.

Sicherheit

Neuseeland gilt als eines der sichersten Länder der Welt und auf dem Land abseits der großen Straßen ist es oft noch üblich, dass die Bewohner die Türen ihrer geparkten Auto nicht verschließen. Die größeren Städte haben aber inzwischen auch ihren Anteil an Kriminalität, oft bewirkt durch Drogensucht. Deshalb ist es sinnvoll, die üblichen Vorsichtsmaßnahmen zu beachten: nachts nicht mit größeren Geldsummen oder sichtbarem Schmuck herumziehen, Geld und Papiere so verstauen, dass Taschendiebe sie nicht erreichen können etc. Im Fall des Falles: Die neuseeländische Polizei ist sehr hilfsbereit.

Telefonieren

Die internationale Vorwahlnummer für Neuseeland ist 0064. Das nationale Telefonnetz ist gut ausgebaut. Auch per Handy findet man in den bewohnten oder touristisch gut erschlossenen Gebieten meist ein Netz.

Trinkgeld

Nach guter südpazifischer Tradition ist es nicht üblich, für alles

Vive la France – in Akaroa (oben). Ohne Hunde geht es nicht – Schafzüchter in den Catlins (unten).

und jedes gleich ein Trinkgeld zu geben. Die Zeiten, da Kellner oder Taxifahrer einen »Tip« freundlich, aber bestimmt zurückwiesen, sind allerdings vorbei. Die meisten Kiwis geben nur etwas für besondere Dienstleistungen, von Touristen werden jedoch mittlerweile in internationalen Hotels, in besseren Restaurants und in Taxis Trinkgelder erwartet, meist etwa zehn Prozent des Rechnungsbetrags.

Unterkunft

»Hotel« bedeutet in Neuseeland nicht immer, dass der Reisende dort auch ein Bett mieten kann. Aber ein frisches Bier erhält man unter diesem Schild immer, denn in ländlichen Bereichen firmieren Kneipen oft noch als Hotels, obschon die zwei, drei Fremdenzimmer, die man einst für Reisende bereithielt, längst als Abstellräume dienen. In den Städten sind die Hotels heutzutage aber fast immer wirkliche Herbergen, von der Luxus-Kategorie bis zur schlichten Unterkunft ohne Extras. Privatanbieter, die nur wenige Zimmer für Gäste haben, bezeichnen sich meist als »Homestay« oder »Bed & Breakfast«, al-so Übernachtung mit Frühstück, wobei man in B&Bs darunter ein »cooked breakfast« versteht, al-so Eier mit Speck oder Ähnliches. In Mittelklassehotels besteht das angepriesene »Gratisfrühstück« meist nur aus Orangensaft, Kaffee und Donuts. Motels richten sich hauptsächlich an Autofahrer, denen sie preiswerte, einfache Unterkünfte mit Parkplatz vor der Zimmertür anbieten. Hostels sind hingegen Unterkünfte für Backpacker jeden Alters, die infolge großen Konkurrenzdrucks sehr günstige Preise haben. Die Möglichkeiten reichen von einem Bett im Mehrbettzimmer bis zu Räumen für Einzelreisende oder Paare.

Nicht nur E-Mail – Briefkästen im ländlichen Neuseeland (oben). – Die Welt ist eine Kugel – Sonnenaufgang bei Moeraki (Mitte). – Eine Herberge aus der Zeit vor Entdeckung des Betons – »Martinborough Hotel« (unten).

Neben den privaten Anbietern ist auch die neuseeländische Organisation der Jugendherbergen sehr beliebt bei Reisenden mit einem knappen Budget. Apartments für Selbstversorgung gibt es mittlerweile in allen Städten und vielen touristischen Orten. Eine Besonderheit sind die »Farmstays«, bei denen die Gäste auf einem Bauernhof übernachten. Nicht alle Höfe sind jedoch noch aktiv in ihrem angestammten Geschäft, manche haben sich ganz auf den Tourismus eingestellt und halten nur noch ein paar Tiere zum Streicheln oder zum Reiten. Eine Übersicht findet man auf der Website www.newzealand.com

Vorsorge

Impfungen sind normalerweise nicht erforderlich. Wichtige persönliche Medikamente sollte man jedoch im Handgepäck tragen für den Fall, dass der Koffer nach dem Flug nicht oder erheblich verspätet eintrifft.

Währung

Der neuseeländische Dollar ist unterteilt in 100 Cent. Die Münzen gibt es im Wert von 5, 10, 20 und 50 Cent sowie als 1- oder 2-Dollar-Stück. Auf der Rückseite der kleinsten Münze sieht man einen Tuatara, das einzige Tier, das noch als Zeitgenosse der Dinosaurier angesehen wird und nur in Neuseeland lebt. Die Geldscheine werden in den Werten 5, 10, 20, 50 und 100 Dollar ausgegeben. Diese Banknoten sind nicht mehr aus Papier, sondern aus einer Plastikmischung. Dadurch werden die Scheine haltbarer und sind schwerer zu fälschen. Auf der 5-Dollar-Note ist Sir Edmund Hillary als junger Mann abgebildet, in dem Alter, als er als erster Mensch den Gipfel des Mount Everest bestieg.

Zoll

Neuseeland kontrolliert an allen Einreisepunkten scharf, ob jemand Lebensmittel, Federn oder ähnliche Produkte einführt, die die einheimische Landwirtschaft mit Schädlingen in Kontakt bringen könnten. Selbst wer nur einen Apfel im Handgepäck hat, muss sofort eine Geldstrafe entrichten. Speziell trainierte Hunde erschnüffeln die verbotenen Dinge. Einreisende Touristen dürfen pro Person 1,125 Liter Spirituosen, 4,5 Liter Wein oder Bier, 200 Zigaretten und Präsente im Wert von 700 Dollar einführen. Da sich diese Sätze ändern können, empfiehlt es sich, vor Abreise in die Website des Zolls (www.customs.govt.nz) zu schauen. Für Medikamente, die auch als Drogen eingeschätzt werden könnten, sollten sich Reisende eine entsprechende Bescheinigung ihres Arztes besorgen, möglichst in englischer Sprache.

Neuseeland entdecken

Die fünf schönsten Routen

1. Auckland – Bay of Islands – Cape Reinga – Waipoua Kauri Forest – Auckland (nahezu 1000 Kilometer)

Die Reise beginnt spektakulär mit der Fahrt über Aucklands Wahrzeichen, die Harbour Bridge. Das Zeichen der Nationalstraße 1 ist meist Begleiter dieser Rundfahrt, Neuseelands Hauptstraße verbindet den Süden der Südinsel mit dem Norden der Nordinsel, mit Cape Reinga. Das Kap ist unser Ziel, als erster Stopp bietet sich das Town Basin von Whangarei an, der kleine Hafen bietet einige Cafés und Restaurants.

Mindestens eine Übernachtung ist die Bay of Islands wert. Die inselgespickte große Meeresbucht prunkt nicht nur mit schöner Landschaft, sie ist überdies umrundet von zahlreichen historischen Sehenswürdigkeiten. Beim Leuchtturm von Cape Reinga hoch über dem Zusammentreffen von Tasmanischer

See und Pazifik ändert sich die Fahrtrichtung: zurück nach Auckland, allerdings mit einem Abstecher über Nationalstraße 12 und den Waipoua Kauri Forest mit seinen Kauri-Bäumen.

2. Coromandel–Halbinsel (rund 430 Kilometer)

Thames, das »Tor zur Coromandel-Halbinsel«, ist zwar nur 115 Kilometer von Auckland entfernt, aber für eine Rundfahrt über die gebirgige Halbinsel sollte man wenigstens zwei Tage ein-

planen. Die Straße 25 offeriert eine Rundreise über den unteren Teil der lang gezogenen Landzunge. Bei der alten Goldgräberstadt Coromandel Town lohnt sich der kurze Abstecher zur Driving Creek Railway für eine Tour mit der Schmalspurbahn durch die fast wilde Szenerie. Nachdem die Straße die Halbinsel überquert hat, öffnet sie den Zugang zu einigen der besten Strände am Pazifik. Unter ihnen ist auch der berühmte Hot Water Beach, in dessen Sand sich kleine »Badewannen« buddeln lassen, in die heißes Wasser aus dem Untergrund einsickert. Zum Schwimmen ist der Strände wegen seiner Strömungen allerdings nicht geeignet.

Bei Hikuai biegt die Straße 25 ab nach Süden, rechts geht es hingegen wieder über den Kamm der Halbinsel und zurück gen Auckland.

3. Auckland – Rotorua – Lake Taupo – Napier – Wellington (rund 800 Kilometer)

Die Fahrt quer durch die Nordinsel verbindet einige ihrer bekanntesten Sehenswürdigkeiten: Schon im 19. Jahrhundert reisten Touristen aus Europa nach Rotorua, um die berühmte Vulkanszenerie zu erleben. Nir-

gendwo im Land erschließen sich heiße Schlammquellen, Geysire und dampfende Gewässer leichter, inklusive heilsamer Bäder.

Lake Taupo zieht nicht nur Forellenangler aus aller Welt an. Neu-

seelands größter See ist auch eine gute Ausgangsstation zu Touren ins Revier der über 2000 Meter hohen Vulkaninsel im Herzen der Nordinsel.

Die Straße 5 führt aus dem Bergland an die See und nach Na-

pier, jene Stadt, die bei einem Erdbeben 1931 völlig zerstört und im Art-Déco-Stil wieder aufgebaut wurde. So entstand ungewollt eine Touristenattraktion ersten Ranges.

In der Bucht von Wellington, der Hauptstadt, enden die Straßen nur scheinbar. Nach der Fährüberfahrt warten wieder die Straßenschilder 1 und 5. Aber das sind schon wieder andere Routen.

Der Leuchtturm auf Cape Reinga ist Neuseelands – fast – nördlichster Punkt (linke Seite unten). Klippe bei Hahei auf der Coromandel-Halbinsel (oben). Camper-Picknick-Pause an der Bay of Plenty (unten).

Alpines Panorama mit Mt. Cook und Mt. Tasman, von der Westküste aus gesehen (links). Mit Spass dabei: im Tasman Nationpark (Mitte links) und in Christchurch (links unten). Traditionell viktorianisch zeigt sich das Isel House in den Isel Gardens von Nelson (unten).

4. Nelson – Westcoast – Queenstown – Dunedin – Christchurch (gut 1500 Kilometer)

Die längste Route führt nahezu um die gesamte Südinsel herum. Warum nicht die ganze Runde? Weil viele Touristen im Fährhafen Picton auf der Südinsel ankommen und von Christchurchs Flughafen aus das Land wieder verlassen. Sie sehen auf dieser Strecke am meisten von der wegen ihrer Schönheit gepriesenen Insel: Das blumenreiche

Nelson, war 1844 bankrott, deutsche Einwanderer retteten den Ort. Die Straße 6 zieht sich südlich der Stadt über die noch nicht allzu hohen Berge hinüber zur Westküste, ein schmaler Streifen Land zu Füßen der lang gezogenen neuseeländischen Alpen.

Hier laden sich die Regenwolken ab, deshalb säumt ein Regenwald mit mächtigen Farnbäumen die Küste. In ihrem mittleren Teil reichen zwei Gletscher fast bis ans Meer, dahinter ragen die bis zu 3755 Meter hohen Bergriesen auf. Bei Haast biegt die Straße ab in die Berge, am Lake Wakatipu erreicht sie die Ferienmetropole Queenstown. Die Straße 8 führt von hier durch die Berge zur Ostküste und ins schottisch geprägte Dunedin. Endpunkt ist das englisch geprägte Christchurch.

Eine Fahrt, die an der Westküste eine weltweit einmalige Landschaft zeigt – nirgendwo sonst rückt ein Hochgebirge so nahe ans Meer – und an der Ostküste die koloniale Vergangenheit des Landes erlebbar macht. Die Reise von Nelson nach Christchurch bietet eine Essenz der Südinsel.

5. Christchurch – Greymouth im »TranzAlpine« (250 Kilometer)

Die Straße über Arthur's Pass in Neuseelands Alpen, einst aus der Wildnis geschlagen, um an das Gold der Westküste zu kommen, hat ihre Haarnadelkurven-Zeit zwar hinter sich. Aber dennoch ist die Fahrt über die Berge im »TranzAlpine« mehr als eine bequeme Alternative. Es ist eine der großen Zugfahrten der Welt. Die Strecke zwischen Christchurch und Greymouth misst zwar nur rund 250 Kilometer, liefert aber einen idealen Querschnitt durch die Südinsel. Die Ebene von Canterbury ziert unzählige Neuseeland-Plakate mit weißen Schafen auf grünen Weiden vor schneegekrönten Gipfeln. In deren Revier stampft der Zug über Viadukte und durch Hochtäler, die immer wieder neue Szenerien eröffnen.

Unweit des Passes legt der Zug einen Stopp ein. Viele Reisende steigen aus, um zu Wanderungen im Nationalpark aufzubrechen. Hier oben merkt man bisweilen, dass die Westküste zu den Regenregionen Neuseelands gehört. Wenn es kübelt, lohnt es sich, im Arthur's Pass Store nachzufragen, wie die Einheimischen die Wetterlage einschätzen. Wenn sie sagen: Nur ein paar Schauer, kann man eine Stunde warten. Ansonsten empfiehlt sich die Weiterfahrt.

Auf der Passhöhe – 924 Meter – senkt sich die Route hinab zur Tasmanischen See, entlang Lake Brunner und dem River Grey folgend. Nach viereinhalb Stunden ist Greymouth erreicht. Die Goldminenstadt lässt zwar nicht mehr viel erahnen von ihrer Historie, doch das nahe »Shantytown«, gibt, obwohl für Touristen geschaffen, einen guten Eindruck von einer Goldgräber-Siedlung.

Szenerie ohne Ende:
TranzAlpine Train am Lake Brunner (oben).
Der Mount Cook am Lake Pukaki (links).

Seite 178/179:
Am Fuß der Southern Alps liegt der von Gletschern gespeiste Lake Tekapo.

Menschen, Orte, Begriffe

Art-Déco-Fest in Napier (oben).
Boat Sheat Restaurant in Nelson
(rechts).

*Auf White Island (ganz oben).
Clownerien beim Wildfoods Festival
(links).
Pupu Springs in der Golden Bay
(oben).*

Trekkers Paradies (links).
Shantytown (ganz oben).
Den Maori dienten Muscheln früher
als Signalhorn (oben).
Rechte Seite:
Hooker Valley mit Mount Cook.

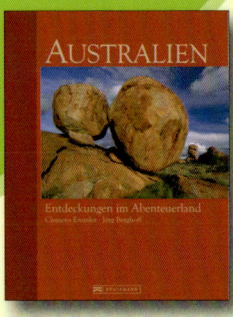
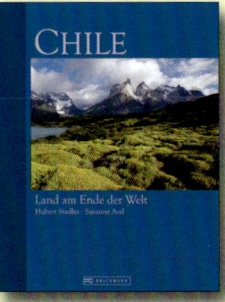
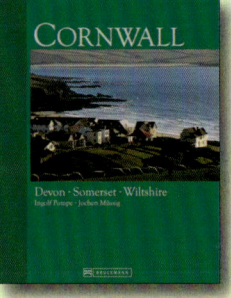
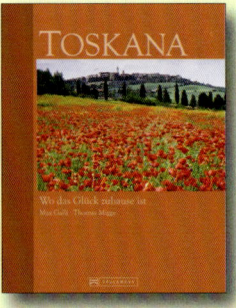
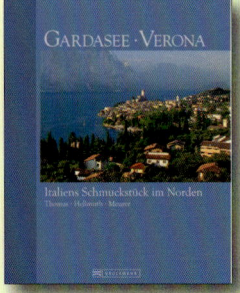

Impressum

Unser komplettes Programm:
www.bruckmann.de

www.bruckmann.de

Der Fotograf

Clemens Emmler, geboren 1963, lebt in Simonswald bei Freiburg im Schwarzwald. Er arbeitet seit 1990 als freiberuflicher Fotojournalist und hat bislang mehr als 30 Buchprojekte, zahlreiche Publikationen in Fachmagazinen und eine Vielzahl an Fotokunst-Kalendern veröffentlicht. Im Bruckmann Verlag erschienen von Ihm unter anderem »Highlights Südafrika« und »Highlights Neuseeland«. Er ist Mitglied der renommierten Bildagentur LAIF in Köln (www.laif.de).

Der Autor

Klaus Viedebantt, geboren 1943 in Krefeld, Studium der Germanistik, Volkskunde und Soziologie, Promotion. 1977 bis 1986 Leiter des Reiseressorts der »ZEIT«, seit 1986 bei der Frankfurter Allgemeinen Zeitung, dort ab 1992 Leitung der Lehrredaktion. Associate Professor der Cowen University in Western Australia. Verfasser zahlreicher Reisebücher; im Bruckmann Verlag erschienen von ihm die Bände »100 legendäre Reiserouten in Europa«, »Über alle sieben Meere – Auf den schönsten Luxuslinern einmal um die ganze Welt«. Lebt in Frankfurt am Main.

Dank

Für die tatkräftige Unterstützung zu diesem Buch bedankt sich der Fotograf ganz besonders herzlich bei folgenden Personen: Dawn & Mark Dowling, Jill Sutherland, Robert »Blue« Newport, Maren & Max Newport, David & Juliette Sutherland, Peter Vujcich, Dennis Buurman, Bruce Lilburn, Scott Lee, Nick Dobbyn, Dorien Vroom, Janelle Heall.

Produktmanagement:
Susanne Kuhl
Graphische Gestaltung:
Werner Poll, München
Kartografie: Astrid Fischer-Leitl, München.
Herstellung:
Bettina Schippel
Repro: Repro Ludwig,
Zell am See
Printed in Spain by Tallers Gràfics Soler S. H.

Alle Angaben dieses Bandes wurden vom Autor sorgfältig recherchiert und vom Verlag auf Stimmigkeit und Aktualität geprüft.
Allerdings kann keine Haftung für die Richtigkeit der Informationen übernommen werden. Für Hinweise und Anregungen sind wir dankbar.
Zuschriften an den:
Bruckmann Verlag,
Produktmanagement,
Postfach 400209,
D-80702 München
E-Mail: lektorat@bruckmann.de

Bildnachweis

Alle Abbildungen des Umschlags und des Innenteils stammen vom Fotografen, außer:
Interfoto, München:
S. 26/27 o., 27 2. v.r.u., 104 M., 104/105, 105 l.u.;
dpa-picture alliance, Frankfurt am Main: 27 M. und 27 u.r., 45, 62/63;

Einbandfotos

Vorderseite: Mount Taranaki. Rückseite: Rotoruas Rasenbowler vor dem Bath House. Vorsatz: Mystische Abendstimmung im Paparoa National Park. Nachsatz: Menschenleerer Geheimtipp: Archway Islands vor der Wharariki Beach.

Die Deutsche Nationalbibliothek verzeichnet diese Publikation in der deutschen Nationalbibliografie; detaillierte bibliografische Daten sind im Internet über http://dnb-nb.de abrufbar.

© 2010 Bruckmann Verlag GmbH, München
Alle Rechte vorbehalten
ISBN 978-3-7654-5403-5

Zur weiteren Reisevorbereitung empfehlen wir: